Als ich 17 war, begann ich zu sterben, mit 19 hatte ich es fast geschafft. Ich bin noch einmal umgekehrt. Warum? Vielleicht weil jemand mir gesagt hat, dass es sich nicht gehört, so zu sterben. Vielleicht weil ich doch auf einmal Angst bekommen habe. Vielleicht weil ich an einen Ort gekommen war, wo man mich nicht in Ruhe sterben ließ. Vielleicht aber auch, weil ich endlich einmal ausprobieren wollte, was denn das andere ist, wie es sich anfühlt, was es wohl für eine Erfahrung ist. Das, was ich noch niemals versucht hatte, von dem ich keine Ahnung hatte, wie es ging: leben.

I don't care if it hurts
I wanna have control
I want a perfect body
I want a perfect soul
Radiohead

Wer bin ich? Ich bin 15 und schreibe in mein Tagebuch: Meine Figur ist alles, was ich noch habe, also muss ich sie *unbedingt* behalten.

An meinem Körper halte ich mich fest. Versuche es zumindest. An irgendetwas muss ich mich festhalten.

Ich sitze Nachmittage lang in meinem Zimmer, höre Radio, wundere mich, wenn Nachrichten vorgelesen werden, dass schon wieder eine Stunde vergangen ist. Ich schließe mich in mir ein, die Welt um mich herum macht mir Angst. Ich passe nicht hinein.

Reden tue ich darüber nicht. Es ist doch alles so gut. Mein Ungutes passt nicht, ich habe doch immer so schön gepasst, ich werde geliebt, weil ich passe, weil es mir gut geht, weil ich einfach bin, pflegeleicht. Alles andere wäre zu viel, würde belasten, dürfte nicht wahr sein. Und ich will geliebt sein, ich darf nicht enttäuschen. Darum ziehe ich mich zurück. Baue mir eine Fassade aus perfekt ausgesuchten Anziehsachen, aus Ringen an jedem Finger, aus Lächeln, aus Worten. Leeres Lächeln und leere Worte.

Jemand soll mich verstehen. Aber ich vertraue mich niemandem an. Das, worüber ich reden möchte, ist doch nicht wahr. Es ist doch alles in Ordnung. Eine Familie, ein Haus, keine Geldsorgen, kein prügelnder Vater, keine geschiedenen Eltern. Stark bin ich und erfolgreich, ich schreibe gute Noten und bin beliebt, ich mache keine Probleme. Ich bin ein fröhliches Kind. Ein fröhlicher Teenager. Ich habe keine Stimme außer der, die ausspricht, was alle hören wollen. Ich halte mich fest an meinem Spiegelbild. Manchmal hasse ich meine Eltern abgrundtief. Danach: Schuldgefühle.

Woher der Hass kommt? Weil er nicht sein darf, darf ich auch darüber nicht nachdenken. Nicht darüber nachdenken, dass meine Familie ein Kartenhaus ist, aufgebaut aus Lügen, aus So-tun-als-ob. Ein Haus, das einstürzte, funktionierte ich nicht. Also funktioniere ich und schäme mich für den Hass, der nicht sein darf. Wir haben uns alle lieb. Aber wann haben wir uns lieb? Wenn wir abends ins Bett gehen und versichern, dass wir uns nicht böse sind. Wenn es uns gut geht. Wenn es nur eine Frage gibt: Ist alles in Ordnung?, und nur eine Antwort: Ja. Wenn ich stark bin, groß und einsichtig. Also bin ich stark, groß und einsichtig. Aber ich bin niemand außer für die anderen.

Ich sollte mich wehren. Ich sollte nicht mitspielen. Ich sollte protestieren. Aber erstens möchte ich so gerne geliebt werden. Und zweitens gehört Protest nicht zu meinem Verhaltensrepertoire.

Ein Junge von meiner Schule bringt sich um. Wenn ich seinen Bruder angerufen habe, war er manchmal am Telefon: »Moment, ich hole ihn mal.« Jetzt ist er tot. Ich sitze in meinem Zimmer, Nachrichten, eine Stunde Zeit, Nachrichten, und lerne seine Todesanzeigen auswendig. Meine Eltern sind im Urlaub. Als sie anrufen, erzähle ich, dass Lenard sich umgebracht hat. Oh. »Da reden wir mal drüber, wenn wir wieder zu Hause sind.« Klar. Ja. Sicher. Es ist eine böse Information aus der Welt, die nicht sein darf, und wir reden niemals tatsächlich darüber. Schon gar nicht darüber, wie gut ich diesen Tod verstehen kann. Ich tue so, als würde ich schnell vergessen.

Auch sonst rede ich immer weniger. Meinen Freunden gegenüber fühle ich mich fremd. Ich verliebe mich in unerreichbare Typen. Der würde mich verstehen! Wenn ich mit dem zusammen wäre, wäre alles gelöst, könnte ich sein, wie ich bin! Immer wieder steigere ich mich in dieses Aussichtslose hinein, quäle mich mit unerfüllbaren Wünschen. Jedes Scheitern lässt mich noch einsamer zurück. Der wäre es gewesen! Nun ist alles zu spät! Aber auch, wenn ich weine, sieht man mich nur lachen.

Lachen an den dafür vorgesehenen Stellen. Hier ist alles festgelegt, alles läuft in geordneten Bahnen. Die Ordnung meiner Eltern. Wenn wir Milchreis essen, dann den ersten Teller mit Kirschen, den zweiten mit geschmolzener Butter und Zucker und Zimt. Zum Frühstück gibt es Mischbrot (nur am Samstag Brötchen und am Sonntag Toastbrot oder Rosinenbrot) und zum Abendbrot gibt es Schwarzbrot. Beilagen zum Frühstück sind süß (Marmelade, Honig, Nutella, dazu Butter), zum Abendbrot herzhaft (Käse, Wurst, dazu Margarine). Salzkartoffeln werden zerdrückt, Pellkartoffeln zerschnitten. Die Nudeln werden so lange gekocht, wie auf der Packung steht. Was das Seltsame ist: Es wird niemals hinterfragt. Weder mein Bruder noch ich verlangen jemals erst den Zimt zu essen und dann die Kirschen oder beides auf einmal, fordern Rosinenbrot am Dienstagabend. Niemand stellt dieses Leben in Frage, es ist so, naturgesetzgleich, und hinterfragst du es einmal, passt du nicht mehr, passt du nicht in diese Welt, wirst du herausfallen.

Was ich mag: Ich mag mich morgens nach dem Duschen gerne nass im Spiegel angucken, wenn ich am Tag davor und beim Frühstück wenig gegessen habe.

Bald werde ich jeden Morgen vor dem Spiegel stehen und ausschließlich daran denken, was ich am Tag zuvor und zum Frühstück gegessen habe. Werde mich hassen für jeden Milliliter Milch in meinem Kaffee.

Tagein, tagaus laufe ich mit einer Rasierklinge in der Jackentasche herum. Mich jederzeit umbringen zu können gibt mir Sicherheit. Vielleicht tue ich es darum niemals. Wenn du jetzt in der Mathestunde auf die Toilette gehen und dir die Pulsadern aufschneiden kannst, dann kannst du genauso gut auch noch warten bis nach der Schule. Vielleicht im Wald auf dem Nachhauseweg. Oder zu Hause. Oder später bei einem Spaziergang. Oder oder oder. Ich brauche mich nicht umzubringen, denn ich könnte es jederzeit tun. Beruhigende Sicherheit.

Ich möchte am liebsten ausziehen. Es ist so unerträglich, mit Tausenden von unausgesprochenen Äußerungen und Erwartungen und Wünschen und Bewertungen zu leben. Ich versuche immer alles zu spüren, zu wissen, was nicht gesagt wird, zu passen. Niemand stellt den Anspruch, aber wenn ich ihn nicht erfülle, enttäusche ich. Ersticke daran, möchte um Hilfe schreien, aber mit welchem Recht?

Es wäre nicht zu rechtfertigen. Wenn ich drogenabhängig wäre.

Wenn ich Krebs hätte. Wenn ich blass wäre mit dunklen Augenrändern. Wenn ich ganz, ganz dünn wäre. Das wäre etwas anderes. Dann hätte ich Anspruch auf Hilfe. Dann würde jemand *sehen.* So sieht mich niemand. Niemand versteht, wie drogenabhängig, krebskrank, blass, augengerändert und dünn ich innerlich bin.

Ich fülle Bewerbungsbögen aus für ein Schuljahr in Amerika. Machen, was sich gut macht im Lebenslauf. Und vor allem weg von hier. Fragebögen: »Did you ever suffer from bulimia, anorexia nervosa, or any other kind of eating disorder?« No, no, no. Wie ich mich fühle, geht schließlich niemanden etwas an. Did you ever feel as if you could suffer from bulimia, anorexia nervosa, or any other kind of eating disorder ...?

Mit meinem Auslandsjahr fällt der Auszug meines Bruders zusammen. Mit ihm geht das Familienmitglied, das mein Verbündeter hätte sein können. Hätte sein können, wenn wir geredet hätten, schon früher geredet hätten, als wir es dann taten. Später wird er mein Vertrauter werden, mein Angehöriger. Jetzt zieht er aus und ich weiß noch nicht einmal, was ich verloren habe, weiß noch nicht, wie sehr ich einen Partner brauchte in den letzten Jahren zu Hause. So geht er und ich fliege zwanzig Stunden lang in ein neues Land.

Aber auch nach Amerika gehöre ich nicht. Doch genau wie zu Hause, weiß ich auch dort, was ich tun soll, was meine Gasteltern, meine Eltern, meine Mitschüler von mir erwarten. Ich hasse das Land. Hasse die Menschen. Hasse die Sportteams, in denen ich überall Mitglied bin. Ich verliebe mich das erste Mal in meinem Leben in ein Mädchen. Eine Todsünde in diesem Land, in diesem Landstrich. Ich rede mit niemandem darüber. Wäre ich nicht vorher bereits allein gewesen, würde ich noch nie in meinem Leben so allein gewesen sein. Ich habe Gewaltfantasien, erst nur abends allein in meinem Zimmer, später fast überall. Manchmal werden sie so mächtig, dass ich vor mir selbst erschrecke. Stelle mir vor, wie ich nachts aufstehe, die Treppe hinaufgehe, Pistole in der Hand, die Tür zum Schlafzimmer meiner Gasteltern öffne und sie im Schlaf erschieße. Eiskalt, ohne Zweifel. Höre die Schüsse, sehe das Blut.

Nach der Hälfte des Jahres beginne ich die Tage bis zu meiner Rückkehr nach Deutschland zu zählen.

Als ich zurückkomme, bin ich dick. In Amerika habe ich nicht gemerkt, dass ich zugenommen habe. Früher war ich immer eine der Dünnsten. Jetzt bin ich dick. Im Nachhinein betrachtet, könnte man sagen, ich bin weiblicher geworden, runder. Übergewichtig bin ich nicht. Aber gemessen an mir als Kind und gemessen an meiner Mutter sind meine Rundungen unangemessen.

Ich fahre mit meinen Eltern und meiner besten Freundin Sarah in den Urlaub nach Irland. Wir kaufen Wollpullover. Meiner reicht nicht über den Po. Meine Mutter ist unschlüssig. Begutachtet mich. Fragt, ob es mich nicht störe, dass der Pullover so kurz sei. Er geht nicht über den Po. Sarah sagt: »Meiner doch auch nicht.« – »Aber du kannst es dir leisten«, sagt meine Mutter zu Sarah, meiner Freundin. Getroffen. Ich falle. Später entschuldigt meine Mutter sich. Sie wisse doch, wie tief solche Bemerkungen gehen, sie habe selbst darunter gelitten. Aber sie hat es gesagt. Und was sie gesagt hat, muss sie vorher gedacht haben.

Wir probieren mitten im Sommer Wollpullover an. Wenn ich im Winter diesen Pullover anziehen werde, wird niemand mehr auf die Idee kommen, ich könne es mir nicht leisten.

In mein Tagebuch schreibe ich nichts von alledem. Nur ein Bild von Kate Moss klebt dort, die Arme verschränkt.

Von meiner Mutter habe ich im Laufe der Jahre viele Anmerkungen zu meinem Körper bekommen. Und alle widersprechen sich. Das werde ich erst Jahre später merken, Mitte 20, nach sieben Jahren Therapie. Noch sind sie alle gleich gegenwärtig und ich versuche krampfhaft, sie zusammenzubekommen. Teile zusammenzusetzen, die niemals zusammenpassen werden. Als Kind war ich groß und schlaksig. Aber schon damals: bloß keine kurzen Pullover, denn Frauenhintern und Frauenbeine sind grundsätzlich zu dick. Auch meine Mutter findet ihre Beine zu dick, hat angeblich immer von ihrer eigenen Mutter zu hören bekommen, dass sie zu dick sei. Von derselben eigenen Mutter, die sie andererseits als Kind in ein Ferienlager zum Zunehmen geschickt hat, weil sie so dünn war. Okay. Über meinen Busen könne ich jedoch froh sein (meine Mutter findet ihren zu klein). Zu groß soll ein Busen aber auch nicht sein und zeigen soll man ihn erst recht nicht. Als ich im Turnverein einen Gymnastikanzug bekomme, sagt meine Mutter, ich solle ein T-Shirt drüberziehen. Ich bin neun Jahre alt. Mein erster Gymnastikanzug, einer, wie ihn alle Mädchen haben, ich bin furchtbar stolz, als ich ihn auspacke. Ein T-Shirt über meinen glitzernden Gymnastikanzug? Mit dreizehn will ich einen BH anziehen. Warum? Sie, meine Mutter, zieht keinen an.

Ich soll einmal fraulicher aussehen als sie. Sie findet, ich bin zu rund. Mein Kopf dreht sich. Alles widerspricht sich. Meine Mutter scheint nicht zu wollen, dass ich eine Frau werde. Als ich aufhöre, das große schlaksige Kind zu sein, fangen die Verständigungsprobleme an.

Ich komme niemals bei einer kohärenten Vorstellung von meinem Körper, von mir als Frau an.

Ich will essen, aber wenn ich esse, habe ich hinterher ein schlechtes Gewissen. Bald wird dies Dauerzustand sein: essen und ein schlechtes Gewissen haben. Wer sich vorstellt, bei jedem Atemzug ein schlechtes Gewissen zu haben, der stellt sich eben dies vor.

Wenn jemand mich nicht mag, bin ich hilflos. Menschen zu enttäuschen, bringe ich nicht fertig. Ich bin doch nur durch Gemochtwerden da. Oft bringe ich nicht den Mut dazu auf, irgendwo abzusagen. Dann tut meine Mutter es für mich, springt ein, erklärt. In solchen Momenten bin ich ihr unendlich dankbar und schäme mich noch viel mehr für meinen Hass.

Ich schließe die Haustür abwechselnd mit der linken und mit der rechten Hand auf, damit keine sich benachteiligt fühlen soll. Niemand darf sich verletzt fühlen durch mich, niemand soll unzufrieden sein mit mir, ich will auf alle achten.

Innerlich eine immense Sehnsucht nach Schwäche. Wünsche mir, ganz klein zu sein, wünsche, dass jemand mich in den Arm nimmt, mir über den Kopf streichelt, mir über die Augen streicht und alles wieder gut macht, heil. Nach außen bin ich cool, brauche nichts und niemanden, meine Sehnsucht ist mir peinlich, man soll sie mir nicht ansehen. Ich bin die Tochter, die immer versteht. Versteht, dass die Mutter nicht zu sehr belastet werden kann, weil sie Rückenschmerzen hat, weil sie Kopfschmerzen hat. Versteht, dass die Mutter ihr als Kind keine Zöpfe binden konnte, weil sie »nicht so eine Mutter ist«. Versteht, dass es für alle einfacher ist, wenn sie abends von selbst erklärt, schlafen gehen zu wollen, statt mit den Erwachsenen aufzubleiben. Wie oft habe ich als Kind nachts stundenlang wach im Bett gelegen,

nachdem ich gesagt habe, dass ich schlafen gehen möchte. Ich
war nicht müde, ich hielt es einfach für die Sache, die man macht,
die selbstverständlich ist. Ich darf die Erwachsenen nicht stören.
Es ist seltsam, weil niemand es verlangt. Meine Eltern wundern
sich, dass ich so selten gequengelt habe. Darum wird es später
so schwer werden, ihnen zu erklären, dass ich unglücklich war.
Sie haben doch nichts gemacht, nichts verlangt. Ich bin dem
Ungeforderten nachgekommen.

Fakt ist, ich habe niemals gelernt zu spüren, wann ich müde
bin. Jahre später werde ich es zu lernen beginnen. Lernen, es in
Ordnung zu finden, wenn ich mich müde fühle, obwohl es noch
früh ist oder ich wach bin, obwohl ich extrem wenig geschlafen
habe. Lernen, dass die Uhrzeit nichts zu sagen hat. Denn die Uhr
bestimmt mich, hat mich immer bestimmt: Ist es Zeit, ins Bett
zu gehen, ist es Zeit, zu essen? Ich habe mich niemals nach mir
gerichtet, niemals nach meinem Körper, niemals nach meinem
Gefühl. Immer die anderen, immer die große Uhr, immer man
man man.

Nicht stark zu sein würde Unsicherheit bedeuten. Und Unsicherheit ist Abhängigkeit.

Abhängigkeit ist das Schlimmste, Vertrauen ebenso schlimm.
Gleichbedeutend mit Ausgeliefertsein. Ich will nicht mehr ausgeliefert sein. Ich will mich auf nichts verlassen. Wenn jemand zu
mir sagt: »Bis morgen!«, vertraue ich nicht darauf, dass »morgen« kommt. Meine Welt steht doch nur auf wackeligen Als-ob-
Beinen. Wenn ich etwas falsch mache oder wenn sich irgendein
Schicksal gegen mich verschwört, wird morgen nicht kommen.
Ein Fehler kann alles zerstören. Manchmal singen wir abends
auf der Bettkante ein Lied: »Morgen früh, wenn Gott will, wirst

du wieder geweckt ...« Jedes Mal räume ich in meinem Kopf die Möglichkeit ein, dass Gott *nicht* will.

Ich beschließe, kein Fleisch mehr zu essen. Eine kleine Nische, in der ich selbst bestimmen kann. Hier ziehen meine Eltern nicht mit. Ansonsten gehört mir nicht viel allein. Alles wird von ihnen an sich gerissen. Färbe ich mir die Haare, färbt meine Mutter sie sich auch. Rauchen ist akzeptiert, meine zerlöcherten Ohrläppchen sind witzig, als Protest taugt nichts. Selbst meine Kleidung wird nachgeahmt. Du bist doch wir.

Eine Lehrerin schlägt mich für ein Seminar der Begabtenförderung vor. Es kommt mir unsagbar falsch vor. Ich fühle mich nicht begabt, entspreche keiner meiner Anforderungen an Begabung. Es wäre auch unbequem, wenn es so wäre. Es würde schon wieder nicht passen, würde Schwierigkeiten machen. Hoch begabte Kinder, gesonderte Förderung. Seufzen, wenn die Rede auf diese vermeintliche Begabung kommt. Eltern mit begabten Kindern haben es schwer, das wissen meine Eltern, selbst Lehrer.

Sie fragen mich, ob ich mich wohl fühle in meiner Klasse. Natürlich fühle ich mich wohl, ich nicke, einfach aus dem Grund, dass ich nicht weiß, wie es anders wäre. Weil ich das Gefühl nicht kenne, dass jemand in dieser Hinsicht auf meine Bedürfnisse eingeht. Ich weiß nicht, wie es ist, viel zu lernen, Grenzen auszutesten. Mit dem Nicken ist alles in Ordnung, ich bin vielleicht intelligent, aber ich bin glücklicherweise kein Fall, der Schwierigkeiten macht. Erst später, an der Uni, werde ich mich trauen, mehr zu wollen, werde mein damaliges Nicken verfluchen und verfluchen, dass niemand versucht hat mir einen anderen Weg zu zeigen, dass niemand verstanden hat, dass man nicht anders kann als nicken, wenn man nur einen Weg kennt.

Und dann, als es Frühling wird, ist da plötzlich jemand, jemand, nach dem ich mich die ganze Zeit gesehnt habe, jemand, der mich versteht: Julie. Julie, die ich schon lange von der Schule kenne, von der Schulband, von verschiedenen Fahrten, und die jetzt in Berlin studiert. Ich bin verliebt. Verliebt in eine Frau, das kenne ich aus Amerika, aber hier ist es anders, denn Julie kommt, wann immer sie kann, sie ist tatsächlich da, hält mich fest, streichelt mich. Das wollte ich doch, das war es doch, was ich wollte.

Kaum hat es richtig angefangen, merke ich, dass ich es nicht kann. Ich kann niemanden lieben, meine Sicherheit aufgeben. Nähe, das war doch Vertrauen, das war doch Schwäche, das war doch Hingabe. Sich hergeben? Niemals. Mit jemandem auf einer Party herumknutschen, das ist das Einzige, was geht, lieben niemals. Ich bin alles, was ich habe, nur auf mich verlasse ich mich. Menschen können jederzeit verschwinden. Das Ende ist immer abzusehen. Ich habe das Ende im Blick. Ein Ende gibt Sicherheit, wenn man es erwartet. Lieben setzt voraus, dass man es nicht erwartet. Lieben macht unsicher.

Kontroll-Freak. Kontrolle über die Leistung, über die Nahrung, über die Gefühle.

Ich kann schon nicht mehr ohne diese Kontrolle leben. Die Beziehung könnte großartig werden. Aber mit meiner Angst kann nichts großartig werden. Als die Beziehung bestehen bleibt, steigert sich die Angst zur Panik. Panik vor allem, was unkontrollierbar scheint. Panik vor dem Essen. Zu viel, zu viel, heute habe ich zu viel gegessen. Ich lebe gefährlich, wenn ich zu viel esse, Essen macht mich dreckig. Morgen weniger. Kann es nicht ertragen, mich nicht unter Kontrolle zu haben. Reden, ich müsste darüber reden. Aber wem soll ich sagen, dass ich mich fürchte? Ich fürchte mich zu sehr.

Inzwischen haben meine Eltern bemerkt, dass etwas nicht stimmt. Ich esse so wenig. Aber warum? Als sie schließlich von der Beziehung mit Julie erfahren, ist alles klar. Nun kann Julie die Schuldige sein. Ich bin ja nur verführt worden, ich bin ja nur hineingezogen worden in etwas, das ich doch eigentlich gar nicht will – ich selbst weiß zwar, was ich will, aber meine Eltern wissen, was ich eigentlich will. Darum komme ich wahrscheinlich mit meinem Körper nicht mehr klar: weil ich eine lesbische Beziehung führe. So einfach ist das. Nun ist alles klar: Wir wissen, wie du eigentlich bist, und wir sind immer für dich da, immer für dich da, immer für dich.

Die kleine Stimme in mir, die sagt, wehr dich, du bist doch verliebt, ist zu schwach.

Ich beende die Beziehung. Laufe davon aus Angst und Schwäche. Meiner Angst vor Nähe und meiner Schwäche gegenüber meinen Eltern. Überzeugt von Gründen, die nicht meine eigenen sind. Gründe meiner Mutter. Ihre Waffen: reden, argumentieren, überzeugen, bis ich mich am Ende mit ihren Argumenten schlage. Als ich neun war, habe ich mir ein Kaninchen gewünscht. Meine Mutter wollte keine Haustiere. Meine Eltern kamen mit Gründen. Gründe gegen ein Kaninchen. Gründe gegen Tiere. Vernünftige Gründe. Erwachsenengründe. Irgendwann wusste ich nicht mehr, dass ich ein Kaninchen wollte. Dachte, ich wäre diejenige, die gegen Tiere sei. Dachte, es wären meine Gründe. Wenn mich jemand fragte, was denn jetzt mit dem Kaninchen sei, hielt ich einen Vortrag wie eine Erwachsene. Führte all die Argumente an, die nicht meine waren, verteidigte meine Position, kein Kaninchen haben zu wollen, mit der Vernunft der anderen, die ich vorher doch versucht hatte zu bekämpfen. Die Erwachsenen brauchten mich gar nicht zu besiegen, ich schlug mich selbst mit deren Waffen.

Die hinterlistigste Art zu manipulieren: dem »Ich will« des Kindes kein »Du darfst nicht«, sondern ein »Du willst nicht« entgegensetzen. Hilfloser Hass aufgrund dieser Manipulation. Aber auf der anderen Seite auch immer die Erleichterung, dass jemand anderes entscheidet. Es macht die Konsequenzen einer Entscheidung irrelevant, weil ich nicht die Verantwortung trage. Ich fürchte mich vor eigenen Entscheidungen, weil ich dann selbst schuld wäre, wenn das Entschiedene schief ginge.

Aber eine Entscheidung treffe ich innerlich, die einzige, die noch offen ist. Die Entscheidung: Nein. Ich brauche eure Liebe nicht, ich brauche euer Leben nicht. Aber vor allem: Ich brauche euer Essen nicht. Von hier an übernimmt das Nichtessen die Führung. Und von hier an geht alles sehr schnell.

Jegliche Nahrungsaufnahme wird jetzt registriert. Das Punktesystem: für jede Nahrungsaufnahme ein Kreuz auf dem Papier. Für Nichtjoggen ebenfalls ein Kreuz. Jedes Kreuz wiegt schwer. Egal, ob es ein Apfel ist oder ein Teller mit Nudeln. Jeder Bissen ein Kreuz. Jeder Verstoß gegen die mir selbst auferlegten Regeln eine Folter. Drei in den Mund geschobene Nudeln werden zum Nudel-Naschanfall. Magersüchtig? Nicht der Erwähnung wert.

Ein Kilo, noch ein Kilo.

Ich lese, dass man lediglich weniger Fett essen muss, um abzunehmen. 60 Gramm Fett am Tag für normalgewichtige Menschen, Menschen, die ihr Gewicht halten wollen. 30 Gramm für Menschen, die abnehmen wollen. Ich versuche, unter zehn Gramm zu kommen. Später auf nahezu null Gramm. Nur noch rohes Obst und Gemüse, Knäckebrot. Magerquark, Cola light.

Meine Hosen werden zu weit. Ich mag es, wenn sie um meine Hüften schlabbern.

Wenn ich joggen gehe, sehe ich meinen Schatten am Boden vor mir herlaufen. Die Strecken sind mir die liebsten, auf denen die Sonne direkt hinter mir steht. Anfangs berühren sich meine Ober-schenkel, reiben aneinander, bilden einen zusammenhängenden Schatten auf dem Sandboden. Ich hasse diesen Schatten. Ich hasse das Gefühl, wenn meine Beine sich berühren. Irgendwann beginnt die Sonne durch mich hindurchzuscheinen, jedem Bein seinen Schatten. Irgendwann berühren sich meine Beine nicht einmal mehr, wenn ich auf einem Stuhl sitze, die Schenkel auf der Sitzfläche ausgebreitet. Erfolg.

Meine beste Freundin Sarah macht sich Sorgen. Redet mit mir, bringt mich dazu, bei einem Psychotherapeuten anzurufen, nicht nachher, nicht morgen, jetzt. Da sitze ich, mit einem Terminzettel in der Hand. Ich werde jemandem erzählen können, dass ich nicht mehr essen kann. Ich werde es nicht erzählen. Es ist nicht wichtig.

Damit die Krankenkasse den Termin bezahlt, muss ich ihn meinen Eltern mitteilen.

Meine Nerven spielen verrückt. Ein Wochenende lang liege ich nur im Bett und heule. Ich kann mein rechtes Auge nicht richtig bewegen. Schmerzen. Ich kann nicht richtig sehen. Weinen macht es noch schlimmer, aber ich kann nicht aufhören zu weinen. Bin völlig erschöpft. Kaputt. Ich gehe kaputt. Verglichen mit dem Kaputtgehen ist einer Grippe doch leichter ins Auge zu sehen. Also behaupte ich, grippekrank zu sein.

Noch ein Kilo. Und noch eins.

Ich gehe zum Psychotherapeuten. Er versteht nicht, will mir Antidepressiva geben. Mein Essproblem werde sich dann schon lösen. Erst Medikamente nehmen, dann reden wir ein bisschen. Aber reden ist das Einzige, was ich will. Allerdings nicht mit ihm. Ich kann mich nicht mal an sein Gesicht erinnern. Er hinterlässt keinen Eindruck und ich gehe nicht wieder hin.

Inzwischen habe ich ständig das Gefühl, zu viel zu essen. Fühle mich ekelhaft. Permanent ekelhaft. Verabscheuungswürdig. Alles Gegessene bleibt unvergesslich in meinem Gedächtnis haften. Wie viel Ekel sich ansammeln kann ... Und kotzen kann ich nicht, werde es niemals können. Es wäre auch nicht richtig. Ich beherrsche mich doch völlig. Niemals die Kontrolle verlieren. Dass der Therapeut mich nicht verstanden hat, ist mir nicht unrecht. Ich will mich auf keine Therapie einlassen, in der man mich zum Essen bringt. Von Tag zu Tag sehe ich doch besser aus. Das aufgeben? Niemals. Es ist das Einzige, woran ich mich festhalten kann, das Einzige, was bleibt.

Synapsen. Alles ist nur körperlich bedingt. Das hat der Therapeut gesagt, das sage ich darum auch meiner Mutter, darum habe ich ja Antidepressiva bekommen.

Eine Spalte in der Rubrik der Nebenwirkungen: kann Gewichtszunahme hervorrufen. Wie kann ich diese Tabletten nehmen? Ich werde fett davon werden, ich merke förmlich, wie ich immer dicker werde mit jedem Tag, an dem ich eine Tablette nehme, wie die Tabletten mich aufgehen lassen. Egal, wie schlecht es mir geht, wenn ich zunähme, ginge es mir noch schlechter. Das wenigstens weiß ich. Dessen bin ich mir sicher.

»Synapsen«, sage ich zu meiner Mutter, damit die beruhigt ist.

Es ist doch alles nur körperlich, ansonsten würde ich doch funktionieren, ich bin nicht traurig, ich habe keine Probleme. Mein Körper funktioniert halt nicht, das muss doch jeder verstehen. Synapsen. Die Tabletten nehme ich nicht weiter. Ich weiß doch nicht, wie viele Kreuze eine Tablette auf meiner Liste zählt.

Ich schmiede heimlich Pläne auszuziehen. Endlich essen zu dürfen, was ich will. Oder eher: nicht essen zu dürfen. Keine vorwurfsvollen Blicke mehr, keine sorgenvollen Bemerkungen. »Nun reicht es doch auch langsam mal mit dem Abnehmen!« Nein nein nein, es wird nie reichen, das begreift ihr nicht, niemand begreift es. Also hülle ich mich in Schweigen oder Lügen: Nein, ich habe schon in der Stadt gegessen, nein, heute frühstücken wir in der Schule, nein, nachher fahre ich noch zu Sarah, da gibt es etwas zu essen, nein, ich habe keinen Hunger. Diese letzte Lüge ist die schlimmste, weil ich sie irgendwann selbst glaube: Was immer ich habe, was immer in mir sitzt und nagt und schreit und fordert und rebelliert, alles kann es sein, aber Hunger habe ich nicht, ich kann keinen Hunger haben, ich nicht. Habe keinen Hunger, hatte niemals Hunger, werde niemals mehr Hunger haben. Die anderen sehen mich an, und bestimmt glauben sie mir. Sie müssen doch sehen, wie dick ich bin, wie unwahrscheinlich fett, sie müssen doch sehen, dass ich es am allernötigsten habe abzunehmen von allen Menschen auf der ganzen Welt.

Ich hasse das Gefühl, nach Hause zu müssen, zum häuslichen Plan. Der Plan, wann ich freundlich, geduldig, witzig sein muss. Wann ich dies sagen darf und das tun. Wünsche mir nichts sehnlicher, als dem zu entkommen, aber auf der anderen Seite ist es genau das, was mir Sicherheit gibt. Hier habe ich meine Sachen, mein Müsli, mein Zimmer, hier weiß ich wenigstens, wie ich mich zu verhalten habe. Woanders würden andere Regeln gelten und mit denen kenne ich mich nicht aus. Und ohne Regeln geht es gar nicht, alles Fremde verunsichert mich. Ich kann ohne bestimmte Sachen nicht sein. Immer dieselbe Müslischale zum Frühstück, immer derselbe Löffel. Mein Löffel. Gelber Griff mit Blümchen. Abends überlege ich genau, was ich am nächsten Tag anziehen will. Jedes Detail. Hose, Pullover, T-Shirt, Unterwäsche, Socken, Schuhe, Haargummi. Wenn ich morgens merke, dass das geplante Paar Socken in der Wäsche ist, drehe ich durch. Suche im Wäschekorb, fange an zu heulen, ziehe mich tausendmal um. Mit den falschen Sachen fühle ich mich den ganzen Tag unwohl.

Am Ende scheitern alle Umzugspläne, werden von mir verworfen, weil ich nicht weiß, wie ich sie jemals begründen sollte. Außerdem, es ist ja nur noch ein Jahr, dann habe ich mein Abitur, dann bin ich sowieso weg.

Meine Mutter wird wütend. Die Atmosphäre wird gespannter. Einmal in der Woche esse ich nur Obst und Gemüse. Den ganzen Tag lang. Immer freitags. Egal, wo ich bin. Wenn ich schon zur Magersucht neige, solle ich damit aufhören, sagt, schreit, wirft meine Mutter mir vor. Zur Magersucht neigen? Zum Lachen. Als könne man zur Magersucht neigen wie zu fettigen Haaren. Wenn es so einfach wäre, dann hörte ich auf. Hörte ich dann auf? Niemals. Ich will nicht, und ich kann auch gar nicht mehr. Das ist doch mein Leben.

Einmal bin ich krank, komme mit Fieber nach Hause. Es ist Freitag. Ich fühle mich schwach, aber Honig in den Tee? Ein Brot essen? Einen Joghurt? Das kommt nicht in Frage, es ist Freitag, auf Freitage ist Rücksicht zu nehmen, da kann mich kein Fieber zum Essen bringen, sonst natürlich, jederzeit, aber nicht freitags, nicht nicht nicht freitags.

Ich weiß nicht mehr, wer ich bin. Spiele ich die (fast) funktionierende Tochter, oder spiele ich das deprimierte, zu dünne Mädchen mit einem Haufen Probleme? Was ist die Wirklichkeit? Ich verliere den Bezug zur Welt immer mehr. Eine Welt, die nicht verstehen kann, dass eine einzige Tablette fett macht, ist nicht meine Welt.

Da ich nicht wieder zu dem Therapeuten gehe, werde ich zum Arzt geschickt. Sein Erschrecken, als er mich sieht, tut gut. Ich mag es, wenn jemand besorgt um mich ist. Obwohl dazu kein Grund besteht. Ob ich nicht meine, dass ich zu dünn sei? Es ist alles in Ordnung. Ob mir etwas fehle, ob es mir nicht gut gehe? Es ist alles in Ordnung, danke. Aber warum muss ich dann plötzlich so verdammt weinen? Zu Hause weine ich nicht, aber hier heule ich los, weine wie ein kleines Kind. Später ruft der Arzt meine Mutter an. Sie telefonieren lange. Er will sich nach einem anderen Therapeuten umsehen.

Ich bin ein Problem geworden. Familienproblem. Seufzen, wenn man mich sieht.

Meine Eltern versuchen, mich abzufüttern. Sie machen mich von Tag zu Tag aggressiver. Unheimliche Wut im schrumpfenden Bauch.

Ich bin nicht magersüchtig. Magersüchtig ist man nur, wenn man gar nichts mehr isst. So einfach ist das. Ich esse doch noch. Ich esse doch noch viel zu viel. Mit mir ist alles in Ordnung. Das weiß ich. Was wollen die? Ich verhalte mich völlig normal.

Okay. Eine Therapeutin dann also. Ich weine, rede, werde gehört. Endlich ist da jemand, der beim Namen nennt, was ich mich nicht auszusprechen traue. Es ist nicht leicht, das Leben, das ich achtzehn Jahre lang geführt habe, für anstrengend, für tödlich zu erklären.

Optionen: ambulante Psychotherapie oder Klinik. Klinik? So krank bin ich nicht. Das brauche ich nicht, das will ich nicht, ich kann doch alles schaffen, will doch so schnell es geht mein Abi machen. Also nicht die Klinik. Die Entscheidung kostet mich ein verdammt schreckenvolles Jahr und beinahe mein Leben, aber dies ist die Entscheidung. Und ich bin mir meiner Stärke sicher. Alles wird jetzt anders werden. Ich werde nicht mehr so allein sein, ich werde nicht mehr am Rand stehen. Werde mich wieder verabreden, Freunde treffen, telefonieren, reden. Mich um alles wieder kümmern. Ich merke nicht, wie weit ich mich schon entfernt habe von allem. Um mich herum ist nur ein sich ausdehnender schwarzer Raum, Leere. Selbst mein eigener Körper ist ein Fremdkörper. Außerhalb, ja, da ist die Welt, da sind die anderen, da sind auch meine Freunde (sind es noch meine Freunde?). Aber ich erreiche sie nicht mehr. Die Welt kann mir nicht wehtun. Dafür bin ich allein.

Ich kann es nicht ertragen, wenn jemand mir körperlich nahe kommt. Wie kann jemand diesen Körper mögen, den ich doch selbst nicht mag? Wie kann jemand berühren wollen, was ich nicht einmal anzuschauen wage? Mein Körper ist abstoßend. Und alles, was früher einmal aufregend und spannend und befriedigend gewesen ist, ist unvorstellbar geworden. Ich habe keine Lust mehr an meinem Körper. Dieser Fremde, der immer schwächer und schwächer wird, abbaut, schwindet. Für mich schwindet er nicht, für mich ist er immer noch viel zu groß. Ich bin ein plumpes Wesen mit einem riesigen Körper, unendlich schwer. Ständig das

Gefühl zuzunehmen. Ständig Angst davor. Ständig mit der Angst leben, irgendwann wird es zur Gewohnheit, fällt nicht mehr auf, die Angst ist einfach immer da.

Wie können Menschen sich berühren wollen? Es ekelt mich an. Lust. Geräusche. Gerüche. Großporige Haut. Einlassen. Vertrauen. Sich aufgeben. Ich will von niemandem abhängig sein, von niemandem berührt werden, und ich will auch nicht, dass jemand von mir abhängig ist. Autonomie, das höchste Ziel. Ich 'vergesse, dass manche Abhängigkeiten aufzugeben tödlich ist. Die Luft. Die Luft!

Julie ist die einzige Ausnahme, Julie darf mich in den Arm nehmen. Wir sind uns immer noch nahe, immer noch ist sie mein Halt. Freundschaft, doch bloß nicht weiter gehen. In den Arm nehmen, aber mehr auch nicht. Das Einzige, was ich ertragen kann. Und die einzige Möglichkeit, mich wenigstens für einen Moment zu beruhigen. Ständig bin ich überdreht, immer hibbelig, kribbelig, immer schaffend, machend, nicht ein Moment Ruhe, immer am Rand des Zusammenbruchs, aber niemals innehaltend, niemals ruhend, niemals still. Und wenn nichts sonst mich beschäftigt, das Essen tut es immer, ununterbrochen und überall, unaufhörlich kreisen meine Gedanken ums Essen.

Aber wenn Julie mich in den Arm nimmt, dann kann ich für einen Moment still sein, dann fühle ich für einen Moment mein Herz schlagen, laut und fordernd, als wäre es verwundert, für eine kurze Ewigkeit nichts schaffen zu müssen.

Sie haben mich tatsächlich genommen für das Seminar der Begabtenförderung, in den Sommerferien finde ich mich am anderen Ende Deutschlands wieder, dabei passe ich doch gar nicht hierhin, ich bin doch gar nicht begabt. Sie werden merken, dass es eine

Lüge ist. Ich rauche und rauche. Die Leute um mich herum sind in einer anderen Welt. In einer Welt, in der man begabt ist. In einer Welt, in der man vor dem Hauptgericht auch noch Suppe essen kann. In der man nachts Nudeln kocht und sie dann auch noch isst. In meiner Welt ist das unmöglich. Schon eine einzige Nudel wäre zu viel. Ich rauche und lache und sage, ich habe keinen Hunger, dankeschön.

Als ich zurückkomme, sehe ich den Schrecken in den Augen meiner Eltern. Ich war doch immer so ein pflegeleichtes Kind, und nun dies. Ich habe doch immer mitgemacht. Tagesmutter, Großmutter. Ich habe wenig gequengelt. Ich habe alles gegessen. Ich habe immer still gespielt. Ich habe mich nicht mit meinem Bruder gestritten. Ich habe mich gut alleine beschäftigt. Ich habe meine Schularbeiten gemacht. Ich habe Rücksicht genommen auf meine Mutter. Ich habe mitgemacht bei allem, was meine Eltern für praktisch hielten: Lieber nicht diese Gardinen, die andern findest du später einmal schöner, lieber nicht diese Kette, die andere magst du später einmal lieber, lieber nicht dieses Fahrrad, denn das andere ist später einmal viel praktischer, lieber –. Stimmt, ihr habt ja so Recht, natürlich (und ich bin nicht verantwortlich, ihr entscheidet, ich kann nichts dafür). Später werde ich jahrelang ohne Gardinen leben, die Konfirmationskette werde ich verkaufen und ich werde ein Fahrrad haben, ein völlig unpraktisches Fahrrad, ohne Schutzbleche, so dass meine Klamotten dreckig werden, wenn es geregnet hat, und mit Stange, so dass ich nicht mit damenhaft wehenden Röcken durch die Stadt fahren kann, aber ich werde mein Fahrrad lieben, ich trage keine damenhaft wehenden Röcke.

Ich war doch immer so ein pflegeleichtes Kind und ich kann es nicht mehr hören.

Auch in der Schule halte ich es kaum aus. Zu Beginn unseres letzten Schuljahres fahren wir alle zusammen noch einmal weg. Nach Wien. Was ein Höhepunkt für die anderen ist, ist für mich die Hölle. Schon wieder Abschied von meinem gelben Löffel. Ich hasse Gemeinschaftsfahrten, ich hasse Gemeinschaft. Schon auf der Hinfahrt fängt es an: Sekt, Süßigkeiten, Gesellschaft, gute Laune. Und essen. Ich bin nicht anwesend. Brötchen zum Frühstück. Mit Marmelade. Weiße Brötchen. Etwas anderes gibt es nicht. Milch, bestimmt auch mit viel zu viel Fett. Werde niemals auch nur annähernd satt, weil ich diese Nahrung nicht essen kann und meine Ersatznahrung fehlt. Magerquark? Cola light, mit der ich meinen Magen füllen kann? Ich könnte gar nicht so viele Kisten schleppen, wie ich brauchte. Hier gibt es Pfannkuchen zum Mittagessen, gebratene Pfannkuchen: eine Unmöglichkeit. Wir gehen zum Heurigen-Trinken. Süßer, junger Wein, Kalorien. Alles ist die Hölle. Was ich von der Kursfahrt in Erinnerung behalte, ist eine einzige Schwärze aus Hunger, Nicht-essen-Können, Mir-nichts-anmerken-Lassen, Müdigkeit, Heimweh. An Wien erinnere ich mich kaum. Ich zähle die Tage bis zur Rückfahrt. Einsamkeit. Ich bin hilflos ohne meine Dinge zum Festhalten, ohne meine gewohnten Sachen, mein Müsli, meine Therapeutin, mein Bett, meine Waage, meinen Instantkaffee, meinen Süßstoff, meinen Weg zur Schule, von dem ich genau weiß, wie lang er ist, von dem ich genau weiß, wie ich meine Kräfte einteilen muss. Stattdessen endlose Streifzüge durch eine fremde Stadt.

Ich bin abhängig durch meine Nahrungsunabhängigkeit. Nichts ist mehr zu ändern.

Als ich in der Wiener Oper sitze, überlege ich, was die dekadente Masse um mich herum wohl bewegt, hier hinzugehen. Stelle mir vor, wie diese Leute in der Loge Champagner trinken, in der Pause eine kurze Bemerkung über die Inszenierung fallen lassen, nach der Vorstellung nach Hause gehen, wo weiterer Sekt schon kalt gestellt ist, schließlich miteinander schlafen. Der Mann im Anzug und seine schöne, perfekt geschminkte Frau. Daran denke ich, während sich vor mir auf der Bühne jemand die Seele aus dem Leibe singt, und es ist mir alles völlig egal. Nicht von dieser Welt.

In der Schule langweile ich mich und verbiete es mir gleichzeitig selbst. Wenn du sagst, dass du dich langweilst, dann wirst du die Quittung dafür kriegen. Wie ich darauf komme, dass es für alles eine Quittung gibt? Wie ich darauf komme, dass es verboten ist, sich in der Schule zu langweilen? Der pflegeleichte Schüler langweilt sich nicht, und pflegeleicht ist geliebt.

Alle beziehen sich auf meine Leistung. Du bist doch so gut. Du kannst doch so viel. Nur zu viel darf es auch nicht sein, muss gerade noch bequem genug sein. Aber sein muss es. Doch schätzt ihr mich auch, wenn ich nichts leiste? Was bin ich, wenn ich keine guten Noten mehr nach Hause bringe, nicht mehr auf Konzerten Klavier vorspiele, nicht mehr mit den hoffnungslosesten Nachhilfeschülern arbeiten kann, nicht mehr gut aussehe, nicht immer fröhlich bin und niemals Probleme habe und niemals Kopfschmerzen und niemals schlechte Laune? Wer bin ich dann? Wer bin ich dann für euch? Bin ich dann irgendjemand? Ich habe es niemals ausprobiert. Wer bin ich denn dann auch noch für mich selbst? Wenn ich eine Klausur schreiben muss, ist mein größtes Problem, dass ich das nicht schaffe, ohne etwas zu essen. Fünf Stunden Konzentration ohne Nahrung bekomme ich immer weniger hin. Je mehr Klausuren, desto mehr gerät mein Essensplan durch-

einander. Davor habe ich mehr Angst als davor, etwas in der Klausur nicht zu wissen: *Aber morgen muss ich ein Brot mit zur Schule nehmen. Wir schreiben LK-Klausur.*
Wofür andere Leute lernen, hungere ich im Voraus.
Gewaltfantasien. Vorstellungen, meine Mutter zu erschießen. Wenige Leute können so schnell und leicht derartige Aggressionen bei mir hervorrufen wie meine Mutter. Ich bin so abhängig von ihr, kann nicht eine Entscheidung treffen, die nicht von ihr abgesegnet ist, und gleichzeitig will ich nur fort, will endlich mein Leben. Völlig zerrissen bleibt nur noch der Hass: Du zerreißt mich, dafür töte ich dich. Manchmal habe ich Angst vor mir selbst.
Ich falle auseinander. Nichts passt mehr zusammen. Ich habe Gefühle wie ein Kind, den Körper einer Verhungerten, das Wissen einer intelligenten Gymnasiastin, die Attitüde eines souveränen Gewinners, die Einsamkeit eines Gefangenen. Ich bin nur noch Teile.
Das erste Mal seit einem halben Jahr bekomme ich wieder meine Tage. Wut, Wut auf den kleinsten Tropfen Blut (als wäre da mehr), Wut auf dieses Lebenszeichen meines Körpers. Ich will das nicht mehr. Verdammte Fruchtbarkeit. Kaum habe ich das Zeichen meines Körpers vernommen, Zeichen, dass er doch noch lebt, bringe ich ihn zum Schweigen. Hungern. Hungern, damit er niemals wieder auf die Idee kommt, mir so etwas zuzumuten. Wieso ist er dazu noch in der Lage? Ich dachte, ich sei die Herrin. Ab jetzt werde ich es sein.
Manchmal schleicht sich dann doch Furcht ein. Mir geht es miserabel. Mein Körper nimmt ab. Im wahrsten Sinne des Wortes. Manchmal bekomme ich Angst, mein Gehirn zu zerstören. Alles andere ist gleichgültig, alles andere bin nicht ich. Aber mein Ge-

hirn! Ich wische die Angst beiseite. Niemand macht sein Gehirn kaputt, weil er zu wenig isst. Das muss ich glauben, weil es das Einzige ist, was ich glauben will.

Ich gerate immer weiter aus der Welt. Nicht einmal mehr mit anderen Menschen einen Kaffee trinken gehen kann ich. Wir sitzen im Café, ich kenne die anderen, sie reden, aber ich bin nicht da. Die unterhalten sich über irgendetwas. Ich denke darüber nach, was ich bestellen soll. Vielleicht einen Kaffee. Bringt meinen Kreislauf in Schwung. Macht vielleicht ein bisschen satt. Aber schwarzer Kaffee schmeckt nicht wirklich gut und ich bin doch in einem Café, bin doch draußen, amüsiere mich doch. Kann ich es wagen, ein bisschen Milch in meinen Kaffee zu tun? Wenn ich es tue, zählt das schon als ein Mittagessen, dann kann ich mir nachher kein Brötchen mehr kaufen. Im Café gibt es bloß diese lästige Kaffeesahne. Kaffeesahne hat zehn Prozent Fett. Dreimal so viel wie Vollmilch, dreißigmal so viel wie entrahmte Milch. Wenn ich Kaffeesahne in den Kaffee tue, sind das vielleicht schon zwei Mahlzeiten. Und wenn ich heute Abend nur einen Salat esse? Aber das wollte ich sowieso. Ich kann weniger Dressing machen. Ich kann gar kein Dressing machen. Ist es peinlich, Süßstoff mit dem Kaffee zu bestellen? Werden sich die Leute nach mir umdrehen, die alten Damen, die auf Süßstoff angewiesen sind? Vielleicht werden sie denken, ich habe Diabetes. Kann ich es wagen, nach Süßstoff zu fragen? Was werden meine Freundinnen sagen? Die wissen, dass ich nicht zuckerkrank bin. Sind es meine Freundinnen? Worüber unterhalten wir uns? Anscheinend unterhalten die sich gut. Soll ich Milch in meinen Kaffee tun? Ich bin müde. Mein Körper schmerzt. Ich möchte nach Hause. Und dort? Dort bin ich wenigstens sicher. Vielleicht sollte ich lieber ein Wasser bestellen. Kein Mensch bestellt Wasser im Café. Also den Kaffee. Ohne Milch, aber dafür mit Süßstoff. Und das Brötchen kaufe ich eben trotzdem nicht.

Eine Bekannte von mir, Katharina, ist magersüchtig. Richtig magersüchtig. Offen ausgesprochen magersüchtig. Jeder weiß es. Sie kommt in eine Klinik ganz in der Nähe und ich besuche sie. Eine seltsame Situation: Solange ich noch nicht so aussehe wie die Gestalten hier, so lange kann ich meine Krankheit noch leugnen. Gleichzeitig der Wunsch, genau so auszusehen. Ich merke nicht, dass ich es längst tue, dass die Grenze längst überschritten ist. Ich habe Angst, die Klinik zu betreten. Hier schwebt ein Versprechen von einem anderen Leben in der Luft, von einem Leben ohne ständige Kontrolle, von einem Leben ohne Hungern. Ich will nicht wissen, dass es ein solches Leben gibt. Niemals will ich aufgeben, niemals will ich so schwach sein wie diese Patienten. Auf der anderen Seite wäre ich gerne so schwach.

Ich bin eifersüchtig auf Katharina. Um die kümmern sich alle. Um die machen sich alle Sorgen. Die hat eine Sonde im Hals. Wer so weit ist, ist wirklich krank, das sehe ich ein. Katharina ist einen Kopf kleiner als ich, wiegt ein Kilo mehr und hat eine Sonde im Hals. Obwohl ich gut in Mathe bin, finde ich das völlig logisch, stimmig. Ich selbst lüge meine Therapeutin an, was mein Gewicht betrifft. Ich bin stolz: Im Grunde bin ich genauso weit wie die hier, aber ich kann noch weitermachen. Ich bin stärker. Mich zwingt man nicht zum Essen.

Es wird nicht so bleiben. Ich soll auch in eine Klinik, nach dem Abitur. Vorschlag meiner Therapeutin, die nicht mehr glaubt, dass es ambulant zu schaffen ist. Dass ich ambulant zu schaffen bin. Abschiebung. Ich freunde mich – trotz meines momentanen

Stolzes, nicht hier bei Katharina zu sein – sogar ein bisschen mit dem Gedanken an. Dann bin ich endlich auch etwas wert. Dann bin ich endlich auch richtig krank. Richtig wichtig. Nur werden sie mir genau das nehmen wollen, und das darf nicht sein. Ich will nicht wieder essen. Hungern ist mein Leben. Ich hasse das Gefühl eines gefüllten Magens. Ich hasse die Welt der Gesunden. Betrete ich sie, habe ich verloren, habe ich klein beigegeben. Ich kann trotzdem in eine Klinik gehen. Ich muss dort ja nichts ändern. Ich werde mich von einem Klinikaufenthalt nicht beeindrucken lassen. Eher sterben als essen müssen.

Als Katharina und ich am See entlanggehen, sehen wir wahrscheinlich aus, als hätten wir uns hier kennen gelernt. Alle sehen es so, ich nicht. Katharina sitzt mir gegenüber, den Schlauch in der Nase. Der Schlauch, der auch mein Schlauch ist. Die Klinik tue ihr gut, sagt sie. Schön, aber für dich ist es auch wichtig, gesund zu werden. Ich hingegen, ich bin groß und stark, ich schaffe es auch ohne Essen. Und du hast dein Leben noch vor dir. Ich selbst bin alt. So alt fühle ich mich plötzlich.

Langsam habe ich das Gefühl, dass meine Therapeutin das Essproblem tatsächlich ernst nimmt. Hat wahrscheinlich Angst, dass ich vor der Klinik noch zusammenbreche. Dennoch ist die Frau keine Hilfe: »Ich verstehe ja, dass Sie abnehmen wollen ...« Der schlimmste Satz, den man mir sagen kann. Wenn es verständlich ist, dass ich abnehmen will, dann bin ich ja tatsächlich zu dick, dann stimmt es ja, dann muss ich weitermachen, immer weiter. Mehr höre ich nicht.

Ich bekomme wieder ein Antidepressivum. Eine Dosis, die auch ein Kleinkind vertragen würde. Eine Vierteltablette. Macht eine Vierteltablette dick? Ich verzichte dafür auf das Abendbrot. Ich schlafe stundenlang und bin trotzdem müde. Nur ein Kleinkind hätte bei einer solchen Dosis solche Nebenwirkungen. Ich habe den Körper eines Kleinkindes.

Kilo um Kilo.

Auf Partys ist das Problem nicht, dass der Alkohol mich betrunken, sondern dass er mich dick macht. Alles ist Nahrung. Alkohol ist Nahrung. Außerdem könnte ich unter Alkoholeinfluss in Versuchung kommen zu essen. Darum melde ich mich meistens als Fahrerin. In dieser Kleinstadtgegend kommt man ohne Auto auf keine Party, die anderen sind mir dankbar. Wenn ich doch einmal trinke, bin ich erleichtert, wenn ich vor Betrunkenheit kotzen muss. Alles wieder fort, diese furchtbare Unkontrolliertheit ungeschehen machen.

Meine Mutter versucht, mit mir zu reden. Versucht zu verstehen. Ich antworte nur mit kargen Worten. Will ihr keine Vorwürfe machen, aber darauf würde es wahrscheinlich hinauslaufen, wenn ich mich zu erklären versuchte. Wir gehen spazieren, fühlen uns beide nicht wohl, aber keine kann es aussprechen. Zu viel, was nicht gesagt werden darf. Ich bin froh, dass meine Mutter fragt. Aber reden werde ich nicht.

Was macht mein Vater überhaupt? Niemals erzähle ich etwas von ihm, stellt die Therapeutin fest. Stimmt. Was tut er? Er ist da. Er ist überfordert von meinen Gefühlen und ansonsten tut er alles, was ich will, was meine Mutter will, was alle wollen. Gutmütige Nichtpräsenz.

Irgendwann ziehe ich mich vollkommen zurück. Fahre gar nicht mehr mit den anderen auf Partys. Ich habe keine Lust. Sage ich. In Wirklichkeit habe ich Angst. Angst, nachts nicht zurückzukommen, wenn ich nach Hause will. Angst, Hunger zu bekommen, weil ich ihn nicht im Schlaf vergessen kann, dann mitten in der Nacht womöglich noch etwas zu essen. Angst vor dem Alkohol. Angst zu tanzen. Alle werden sehen, wie dick ich bin. Und ich werde nicht durchhalten, mein Körper macht nicht mehr mit. Jedes Tanzen ist eine Qual, aber am Rand stehen kann ich auch nicht, kann die Gelegenheit nicht ungenutzt lassen, Kalorien zu verbrennen, Kalorien beim Tanzen. Du hast keinen Arsch mehr in der Hose, sagt jemand zu mir, stimmt, ich habe keinen Arsch mehr in der Hose, aber tanzen muss ich, tanzen tanzen tanzen, bis es schmerzt, bis zur Gefühllosigkeit. Das alles spreche ich nicht aus. Ich habe keine Lust, so einfach ist das.

Bei einem Videoabend gehe ich mitten im Film nach Hause. Die anderen finden den Film witzig. Ich kann nicht lachen. Ich will allein sein. Ich fürchte mich. In Gesellschaft einsam zu sein ist noch viel schlimmer, als allein einsam zu sein. Ich gehöre nicht dazu, warum das noch deutlicher spürbar machen? Ich benehme mich wie ein einsames, wildes Tier. Vertreibe jeden, der mir zu nahe kommt. Kann niemanden ertragen. Die anderen beginnen mich auch nicht mehr ertragen zu wollen.

Ich lasse mir den Bauchnabel piercen. Sehen wird das sowieso niemand. Mein Bauch ist viel zu dick, um ihn zeigen zu können.

Regenzeit

Regen

dunkelblau, grau

kalt, brennend auf der Haut

schwer und bleiern

eine undurchdringliche Wand

dahinter alles abgeschlossen

in unerreichbarer Ferne
kriecht in den Körper, die Gebeine, das Herz.
Wo sind wir hier, fragst du.
Festgefahren, sage ich.

Februar. Meine Zehen sind erfroren. Der Winter ist zu kalt gewesen für jemanden, dessen Blut nicht mehr in alle Körperteile
vordringt. Verhungernder Kreislauf. Rot, fast lila, mit abpellender
Haut sitzen die Zehen an meinen Füßen. Fremdkörper. Ich gehe
zum Arzt, der verwundert ist. Erfrierungen hat er seit Jahren
nicht gesehen. In diesem heilklimatischen Luftkurort, in dieser
Ansammlung des mittelständischen Kapitals hat niemand Erfrie-
rungserscheinungen. Er fragt nicht, wie das passieren konnte,
er weiß sowieso Bescheid. Verschreibt mir eine Salbe, die tatsächlich hilft, Blut in die Füße zu bekommen. Das erste Mal seit
langem habe ich wieder warme Füße. Verwundert schauen sie
mich an. Wissen nicht, wie ihnen geschieht. Wie gut sich warme
Füße anfühlen! Mit einer dicken Schicht Salbe, in mehrere Paare
Wollsocken eingepackt, geht es meinen Füßen einigermaßen gut.
Und ich lache. Alles halb so schlimm. Hier in Deutschland erfriert
man nicht. Hier in Deutschland verhungert man nicht.
Trotzdem gehe ich im Anschluss daran Winterstiefel kaufen. Ich
könne nicht den ganzen Winter in meinen Turnschuhen herumlaufen, sagt meine Mutter. Meine Turnschuhe sind die einzigen
Schuhe, die ich tragen will. Trotzdem kaufe ich nun Stiefel. Dick
und klobig. Ewig stehe ich im Geschäft. Taubenblau oder senfgelb. Ich rufe meine Mutter an. Wie kann meine Mutter wissen,
ob taubenblau oder senfgelb? Die weiß es, und ich selbst muss
keine Entscheidung treffen. Bewährte Arbeitsteilung. Kaufe also

die taubenblauen. Dann noch eine Hose. Graue Stretchhose, die sich an meinen Beinen kein bisschen stretcht. Die Beine, über denen sie sich dehnen sollte, sind einfach nicht mehr da. Ich sehe aus wie eine Comicfigur mit der Hose und den Schuhen. Zwei Striche mit riesigen Klumpen dran. Ich habe Angst, dass man in der Hose sieht, wie dick meine Beine sind.

Wenn ich erkältet bin und Halsschmerzen habe, muss ich eine Halsschmerztablette nehmen. Wie viel Fett ist in einer Halsschmerztablette, wie viele Kohlenhydrate, wie viele Kalorien? Wieso sind keine Nährwertangaben auf einer Tablettenpackung? Für eine Tablette lutschen kann ich keinen Käse auf mein Brot tun. Ich werde oft krank und ich hasse es. Wie kann man nur im Bett liegen? Wie kann man nur gar nichts tun? Ich werde wahnsinnig zunehmen. Aber wenn ich gar nichts esse, werde ich nicht wieder gesund. Ewiges Dilemma. Essen und zunehmen, nicht-essen und krank werden, nicht lernen können, sterben. Zunehmen ist gefährlicher. Alles ist besser als eine größere Zahl auf der Waage.

Und so lässt mein Körper mich mehr und mehr im Stich. Ich lerne für mein Abitur und kann mich kaum konzentrieren. Irgendwann schaltet mein Gehirn um. Lernt auf völlig andere Art. Notstromaggregat. Im Nachhinein wird mir die Unnatürlichkeit dieses Lernens bewusst. Das Behalten von Dingen, wo eigentlich gar kein Platz mehr ist. Unnachlässigkeit, wenn der Zusammenbruch unmittelbar bevorsteht. Vielleicht ist er in meinem Kopf schon vorbei. Schon umgeschaltet auf das Weiterwachsen der Nägel nach dem Tod. Das Weiterlernen des Gehirns, Weiterbehalten noch nach dem völligen Stillstand. Ich lerne und lerne und behalte alles.

Unablässig kaue ich Kaugummi. Manchmal 100 Streifen am Tag. Eines alleine reicht nicht. Ich stopfe die Kaugummis in meinen Mund, zwei auf einmal, dann drei. Manchmal schon nach zehn Minuten spucke ich sie wieder aus, wickle sie in das Papier von einem neuen Streifen, den ich ausgepackt habe und mir in den Mund schiebe. Unaufhörlich bewegen sich meine Kaumuskeln, mein Mund ist völlig wund, mein Magen aufgebläht, ich bekomme Bauchschmerzen, Durchfall. Alles schmeckt nur noch nach Peppermint, Spearmint, Winterfresh. Grün oder blau oder dunkelblau. Farben ohne Zucker. Mit Zucker wären sie eine Mahlzeit. Diese Qual, wenn meine Kaugummis alle sind in der Schule, ich nach einem neuen frage und jemand mir eines mit Zucker anbietet. Drei Möglichkeiten: Sagen, dass ich die Sorte nicht mag (alle werden mir glauben, natürlich, mir, die ich von zuckerfreiem Kaugummi jede Sorte annehme). Es nehmen, irgendwo hingehen, es noch im Gehen auspacken, das ja, aber dann hinter der nächsten Ecke fort damit, in den Mülleimer, ins Blumenbeet, auf die Straße, irgendwohin. Oder es nehmen, auspacken und in den Mund schieben, dann aber nicht kauen, so wenig wie möglich kauen, noch einen Höflichkeitsmoment stehen bleiben, dann aber schnell fort, dorthin, wo mich niemand sieht, aufs Klo, irgendwo raus damit, wegschmeißen. Alles, nur kein zuckriges Kaugummi kauen.

Ich werde Meisterin im Lügen und Betrügen, im Täuschen und Vorgeben, im Nehmen und Verschwindenlassen, im In-den-Mund-Schieben und Wegspucken, im »Nein danke, ich habe schon gegessen« und »Nein danke, ich habe keinen Hunger«, im Extra-Treppensteigen und Umwegelaufen. Niemand kommt an mich heran. So gut gebaut ist die Mauer, dass nicht einmal ein kleines Stück Zuckerkaugummi mehr hindurchpasst.

Sarah gegenüber entwickle ich einen absurden Verfolgungswahn. Traue mich nicht mehr, ihr zu begegnen. Will nicht daran erinnert werden, wie ich einmal war, dass ich einmal mit jemandem vertraut war. In der Schule laufe ich davon. Einmal meine ich Sarah in der Toilette neben mir zu wissen. Schnell, schnell will ich raus, bevor die benachbarte Tür aufgeht. Nicht begegnen, nur nicht begegnen. Mit voller Wucht schlage ich auf der Flucht meine Schläfe gegen den Föhn, der an der Wand hängt, bekloppter Föhn, Bakterienschleuder, Energieverschwender, nutzloses Ding. Schmerzen. Ich bin völlig benommen, aber ich fliehe, kann nicht warten, mich nicht um meinen Kopf kümmern, bloß weg von hier. Danach sitze ich in der Geschichtsstunde mit unglaublichen Kopfschmerzen. Irgendwann beginnt das Weinen. Mein Kopf dröhnt. Nun muss ich auch noch erklären, warum ich weine. Versuche irgendetwas herauszubringen und darf ins Sekretariat gehen. Die Sekretärinnen, die ich schon ewige Jahre kenne. Früher haben sie Knie verbunden, heute kümmern sie sich um Menschen auf der Flucht. Nein, falsch, ich bin doch gar nicht auf der Flucht. Aber warum bin ich dann so unendlich froh, hier sitzen zu dürfen, gar nichts tun zu müssen, einmal durchatmen zu können, einmal Ruhe zu haben? Nur sitzen und atmen ... – Ob ich Aspirin vertrage? Die Frage der Sekretärin dringt durch die Stille hindurch in meinen Kopf. Innerlich ein Lachen. Wie oft nehme ich Kopfschmerztabletten gegen die Schmerzen, diese Hungerkopfschmerzen, die mich wach halten und mich quälen mit ihrer Erinnerung an Nahrung. Die Sekretärinnen können nichts wissen von Hungerkopfschmerzen und Aspirin als Nahrungsersatz, darum sage ich nur, ja, ich vertrage Aspirin, und bekomme eine Tablette, selten eine so wohltuende, von mitfühlenden Sekretärinnen gereicht. Mitfühlen mit dem falschen Schmerz. Und dann kommt auch schon wieder meine verdammte Stärke hoch, will ich denn hier ewig sitzen und nichts tun, wie sieht das aus? Darum, natürlich, klar kann ich wieder in den Unterricht, und da gehe ich auch hin, mit einer Beule zwar, aber die Tablette hilft, es geht schon wieder, natürlich geht es, nichts ist passiert, wie konnte ich bloß weinen vor der Klasse, verdammte Schwäche.

Jeden Tag verlässt mein Körper mich mehr. Oder verlasse ich ihn? Ohrgeräusche. Wenn ich abends im Bett liege, ist es besonders schlimm. Ich habe Angst, verrückt zu werden, weine vor Qual, will nur noch, dass der Ton in meinem Kopf aufhört. Kann nicht schlafen. Irgendwann stehe ich auf, immer noch weinend. Hole meinen Vater: Was soll ich tun? Was soll ich tun, mein Ohr hört nicht auf zu fiepen, ich weiß nicht, was ich machen soll, ich werde verrückt, ich kann nicht schlafen, woran liegt das bloß, ich habe Angst, dass es niemals wieder aufhört, hilf mir, sag, was das ist, tröste mich, mach den Ton aus, hilf mir beim Einschlafen. Mein Vater kann mir nicht helfen, legt meine Beine hoch, Blut in meinem Kopf, aber es reicht nicht, keine Ruhe für mich. Meine Mutter steht daneben: Soll ich an deinem Bett bleiben, bis du eingeschlafen bist? Ich will nicht, dass sie bleibt, ich werde sowieso nicht einschlafen, dabei muss ich mich nicht noch beobachten lassen.

Ein anderes Mal stehe ich auf und esse einen halben Zwieback. Versuche, mit meinem Körper zu handeln: Ich esse das jetzt und dafür hörst du auf zu fiepen, dafür lässt du mich schlafen (und morgen esse ich dann ein bisschen weniger, aber das sage ich dir jetzt noch nicht). Es funktioniert nicht. Mein Körper lässt sich nicht bestechen. Ich werde verrückt werden. Ich gehe zum Arzt.

Immer noch dieser Arzt, der sich Sorgen macht und mir sagt, wie es ist, dass ich zunehmen müsse, dass das Geräusch daher kommt. Als ich nach Hause komme, esse ich einen Joghurt. Hinterher fühle ich mich schlecht wie lange nicht. Morgen muss ich weniger essen. Immer muss ich morgen weniger essen. Immer ist alles zu viel. Und auch mit dem Joghurt geben sich meine Ohren nicht zufrieden.

Plötzlich völlige Anhänglichkeit an meine Mutter. Wenn alles um mich herum verschwindet, wenn niemand mehr da ist, wenn die Schule ein Kampfplatz ist und mich niemand mehr in den Arm nimmt, wenn ich nirgendwo mehr dabei bin, dann ist doch meine Mutter da. Die kann nicht weglaufen. Der kann ich die Verantwortung für mein Leben überlassen. Durch Mutterblut aneinander gebunden. Hab mich lieb.

Wenn ich von der Schule nach Hause komme, steht mir die Sonne direkt im Rücken. Ich sehe meinen Schatten auf dem Sandweg. Meine Beine, zwischen denen man hindurchschauen kann, von der Sonne noch ein Stück in die Länge gezogen. Wenn ich von der Schule nach Hause komme, ist mein Kopf ganz leicht, kann nichts mehr aufnehmen vor lauter wattiger Leere, ist mein Magen ganz hohl, und ich bin high, wie auf Drogen, Hochgefühl, das durch das Hungern entsteht. So leicht, fast fort. Hinübergetreten in eine andere Welt. Meine Füße kommen mir unheimlich weit entfernt vor, wie überhaupt mein ganzer Körper zu schweben scheint. Die Proportionen stimmen nicht mehr, alles fliegt, nichts passt mehr zusammen. Die Sonne scheint über mir und kann mich doch nicht wärmen. Völlig entrückt. Auf Stelzen gehen.

Du gehst wie auf Stelzen. Bist meterhoch. Wächst meterhoch in den Himmel. Dein Kopf ist leer. Fühlst dich frei. Vogelfrei.

Zum Abschuss freigegeben. Der Wind streift um deine Beine und du hast dich besiegt, bist Sieger in dem Spiel, was du mit dir alleine spielst. Dieses Gefühl, dieser Moment ist es wert, ist alle Mühe wert. Du bist auf dem richtigen Weg, du alleine, und du fühlst dich, als müsstest du ewig so weitermachen, als wolltest du ewig so weitermachen, um die Schwerkraft völlig zu verlieren, um immer dieses Gefühl der Schwerelosigkeit zu fühlen, das dich berauscht wie nichts anderes berauschen kann. Du schaust in den Himmel und gehst darin auf, bist eins damit. Du bist zufrieden. Du hast alle Abhängigkeit überwunden. Hier bist du nur du, niemand kann nachempfinden, was du erlebst und wie es ist, alles, aber auch alles in die Tiefe unter dir fallen gelassen zu haben.

Ich treffe mich mit Katharina, die inzwischen aus der Klinik heraus ist. Ich hasse es, anderen Mädchen mit einer Essstörung zu begegnen. Gefährdung meiner Sonderrolle. Wetthungern. Niemand darf weniger essen als ich. Niemals. Ich muss die Einzige sein. Die Einzige? Sehe ich nicht, dass auf dieser Welt Tausende, Zehntausende von essgestörten Mädchen herumlaufen? Aber ich muss die Einzige sein.

Mein Leben gönne ich niemandem. Einmal, weil es die Hölle ist. Zum anderen und viel wichtiger aber, weil ich es für mich allein haben will.

Was ist los? Manchmal so absurde Pläne: zwei Tage hungern und mir dann als Belohnung in den Arm schneiden.

Noch erkenne ich immerhin die Absurdität solcher Wünsche und führe zumindest das In-den-Arm-Schneiden nicht aus.

Einmal sehe ich im Deutschunterricht mein eigenes Spiegelbild in der Fensterscheibe und betrachte mich das erste Mal vielleicht nicht verzerrt, sehe mich neben den anderen und frage mich, ob das tatsächlich ich bin. Ich finde mich nicht, nur diese seltsam blassen Arme ragen aus dem T-Shirt hervor wie Knochen, die nicht zu mir gehören. Daneben die anderen, die ganz normale Arme haben und ganz normale Augen, Augen, die nicht tief in den Höhlen liegen, von nichts mehr gehalten als von dem Skelett des Kopfes.

Dieses eine Mal sehe ich das alles, aber der Moment ist schnell vorbei. Oft ziehe ich meinen Pullover auch gar nicht mehr aus, verstecke mich unter Schichten von Kleidung, möchte nicht, dass irgendjemand meinen Körper sieht. Mag ihn ja nicht einmal selbst anschauen.

Schriftliches Abitur, ich versuche krampfhaft, mich während der Klausuren zum Essen zu zwingen, will nicht jetzt noch zusammenbrechen, will doch dieses Scheißabitur. Ich hoffe, dass mein Ehrgeiz mich schon zum Essen bringt, hoffe es für meine Abinoten. Aber welcher Ehrgeiz ist größer: ein gutes Abitur zu schreiben oder ohne Nahrung auszukommen?

Jede erreichte Zahl auf der Waage darf nicht mehr überboten werden, sonst drehe ich durch. Meine Mutter erzählt mir, dass man ab 49 Kilo zwangsernährt wird: Wie viel wiegst du? Natürlich über 49 Kilo, sage ich, versuche ich zu überzeugen, natürlich stimmt es nicht, wahrscheinlich weiß meine Mutter das auch, aber solange ich es sage, stimmt es, wiege ich natürlich über 49 Kilo.

Ich wache meistens viel zu früh auf. Hunger und endlose Gedankenströme in meinem Kopf lassen mich nicht schlafen, obwohl ich Schlaf so nötig hätte. So wälze ich mich im Bett umher, verbrauche Energie, die ich nicht habe. Aufstehen und etwas essen kann ich nicht. Selbst wenn ich es wollte, die Angst vor der Nahrung ist zu groß, hat die Kontrolle übernommen. Verselbstständigung dessen, was ich dachte zu kontrollieren. Panik vor dem Essen, jetzt begreife ich tatsächlich, was Panik ist. Wenn ich dennoch etwas esse, setzt das Gefühl hinterher ein, rennt in meinem Kopf umher, lässt mich an nichts anderes denken als daran, dass ich etwas gegessen habe, das jetzt in meinem Magen liegt, das nicht da sein sollte, Fremdkörper, abstoßend, es soll ungeschehen sein, keine Ruhe, bis ich vergessen habe, bis ich wenigstens nichts mehr fühle.

Als Julie mich im T-Shirt sieht – wir haben uns seit einigen Wochen nicht getroffen –, fängt sie an zu weinen. Weint vor lauter Angst. Wovor hast du Angst, Julie? Die andere hat die Angst, die ich selbst nicht habe, hat Angst, dass ich sterbe, erschrickt vor meinem Bild. Ich selbst erschrecke nicht. Ich selbst fühle nicht, dass ich verschwinde. Ich merke, ich kann nicht mehr essen, aber zu dünn bin ich nicht, das stimmt nicht, das erzählen nur alle, die wollen, dass ich zunehme, damit sie selbst dünner sind als ich. Aber ich werde mich nicht hereinlegen lassen, ich weiß, wie schwer ich bin, wie dick, die Maßstäbe, die für andere gelten mögen, für mich gelten sie nicht. Das Gewicht, bei dem andere eine Ernährungssonde in den Hals geschoben bekommen, für mich ist es Übergewicht. Das Bild in der Fensterscheibe: vergessen.

Ich werde immer besser im Tricksen. Die anderen werden nicht merken, dass ich lüge und betrüge. Milch mit Wasser verdünnen. Hass auf meine Eltern, die die fettesten Sachen kaufen. Ist Vollmilch schon fett? Später, wenn ich das erste Mal alleine wohne, werde ich endlich fettarme Milch kaufen und entrahmte Milch. Milch, die nach Milch schmeckt (mit Wasser verdünnte

Milch schmeckt nicht nach Milch) und vor der ich mich trotzdem nicht fürchten muss. Ein Luxus wird das für mich sein, die beste Erfindung seit Menschengedenken. Jetzt aber steht noch diese Milch im Kühlschrank, die mir Angst macht, die ich in meiner Müslischale (in der vielleicht drei Haferflocken von dem Müsli sind, aber immerhin ein Apfel, ein ganzer Apfel) mit Wasser vermische, damit ich sie überhaupt zu mir nehmen kann, damit ich überhaupt so tun kann, als äße ich Müsli zum Frühstück, damit sich niemand beschweren und mir vorhalten kann, ich äße zu wenig, ich frühstückte nicht. Das Frühstück ist meine größte und wichtigste Mahlzeit am Tag.

Ich fahre zu einem Vorstellungsgespräch für ein Freiwilliges Ökologisches Jahr (FÖJ). Pläne für die Zeit nach der Schule. Dazwischen wird die Klinik liegen, aber die wird lediglich eine Station zum Abhaken sein, ändern wird sich dort nichts. Ich werde nicht anfangen zu essen. Es wird immer so weitergehen. Vielleicht werden die mir dort nicht einmal glauben, dass es mir nicht gut geht. Immerhin laufen in der Welt noch viel dünnere Frauen herum, davon bin ich fest überzeugt, das sehe ich doch. Und darum kann ich auch Pläne machen, kann zu einem Vorstellungsgespräch fahren, weil ich weiß, dass sich nichts in meinem Leben ändern wird. Dies hier ist mein Leben.

Ändern wollen es bloß die anderen. Wer wäre ich denn noch, wenn ich plötzlich wieder normal äße? Was hätte ich dann noch? Nichts. Nichts Eigenes mehr. Ich will meine Welt nicht verlieren: dieses berauschende Gefühl, wenn ich nichts gegessen habe, dieses Schweben, dieses Lachen darüber, dass ich in alle Klamotten passe, jede Größe, XS ist noch zu groß, die Kinderabteilung die richtige Adresse.

Dass ich auch leben könnte, wäre ich »gesund«, glaube ich nicht. Nur meine Krankheit ist es, die mich ausmacht, nur über sie werde ich definiert. Das Mädchen, das ... Auch ich selbst kann mich nur darüber ausmachen, bin mir außerhalb dessen nicht Definition genug.

Es ist bisher das Einzige in meinem Leben, wodurch ich es geschafft habe, mich als eine eigenständige Person zu fühlen.

Von den anderen werde ich inzwischen tatsächlich einfach als krank betrachtet. Ich soll geheilt werden. Meine Mutter versucht Zutrauen zu zeigen, sie sei sich sicher, dass ich es schaffe, dass die Klinik mir helfe, denn: »Du willst es ja auch! Du *willst* doch gesund werden!?« Ich bejahe, obwohl es genau das ist, was ich immer mehr bezweifle. Ich will, dass es mir besser geht, aber ich will nicht gesund sein und ich will vor allen Dingen nicht zunehmen. Ich will perfekt sein. Perfekt in allem.

Die Träume vom Essen beginnen: Ich sitze am Tisch, habe mich nach langen Kämpfen dazu durchgerungen, Bananenquark zu essen. Sarah sitzt neben mir, fragt, was das sei. Bananenquark. Die andere probiert eine winzige Gabelspitze, isst dann aber nichts. Ich sitze da, esse mit zugeschnürtem Hals, mit diesem beklemmenden Panikgefühl alles auf. Albtraum. Als ich aufwache, bin ich unendlich erleichtert, nur im Traum gegessen zu haben.

Ein anderes Mal träume ich, dass ich gezwungen werde, ein Stück Sahnetorte zu essen, und muss kotzen, als ich aufwache.

Ich habe Geburtstag. Alle beteuern, wie lieb sie mich haben, und wünschen mir, gesund zu werden. Ist, was sie mir wünschen, nicht das, was sie sich selbst wünschen? Dass ich wieder funktioniere? Wieder lieb, erfolgreich, unkompliziert bin? Dass ich keine Probleme mehr mache, weil ich keine mehr habe? So wie früher. Wobei schon dies eine große Lüge ist, denn auch früher war ich nicht so. Damals sah ich eben innerlich so aus, wie jetzt mein Körper aussieht. Bequemer für die anderen.

Mittagessen sind die Hölle. Die Blicke der anderen. Das Essen vor mir auf dem Tisch. Immerhin, ich habe bestimmte Regeln durchgesetzt. Niemand anderes darf mir auffüllen. Jahre später noch wird es mich ängstigen, wenn nicht ich selbst es bin, die mir auftut. Niemals nehme ich ein zweites Mal, dann wären es zwei Mahlzeiten. Nur Wasser, Wasser schenke ich mir nach. Andere essen und trinken dazu. Ich trinke und esse dazu.

Ich klaffe auseinander, keinen Sinn mehr für Realitäten. Gefühltes Gewicht: zentnerschwer, gewogenes: die längst unterschrittene Zwangsernährungsgrenze. Gefühlte Temperatur: eisigste Kälte, gemessene: Die Welt um mich herum schwitzt, wenn ich die Kontrolle über den Heizkörper habe. Gefühlte Gefahr: keine, Gefahr: Todesgefahr.

Wieder ein Vorstellungsgespräch. Das Essen ist in all meine Vorhaben eingeplant. Die möglichen Stellen suche ich nach entsprechenden Kriterien aus. Bewerbe mich nicht auf Ökomärkten, nicht auf Bauernhöfen mit biologischer Großküche, nicht in alternativen Jugendherbergen, bei denen ich in der Küche mitarbeiten müsste. Eigentlich bewerbe ich mich auch nicht auf Stellen mit mehreren Plätzen. Nur nicht mit jemandem zusammenwohnen, der Kontrolle über mein Essverhalten haben, der mich beobachten könnte, vor dem ich mich rechtfertigen und verteidigen müsste, der eventuell mit mir kochen wollte. Diese eine Stelle ist die absolute Ausnahme. Ich habe mehrere Pullover an, viele Schichten übereinander. Einen robusten Eindruck machen. Ich wäre lieber zur Schule gegangen, mir ist kalt. Glück für mich, dass ich nicht zur Schule fahre. Dies wird meine Stelle werden und ich werde das erste Jahr meines Lebens dort verbringen.

Ich glaube nicht daran, dass mir die Klinik genehmigt wird. Ich bin doch nicht krank. Mir geht es doch nicht schlecht. Warum sollte irgendjemand für mich einen Klinikaufenthalt bezahlen? Als ich dann schließlich vor der Amtsärztin sitze, ist das Gespräch in wenigen Minuten beendet. Ich erzähle, was ich wiege, was ich einmal gewogen habe, wann ich das letzte Mal meine Tage hatte. Die Amtsärztin nickt, es gibt keine Debatte, ich werde alles bezahlt bekommen, erstaunlicherweise.

Wenn ich etwas Persönliches von mir preisgebe, wird etwas Furchtbares passieren. Davon bin ich überzeugt. Jedes Wort, jede Geste, jeder Gedanke von mir wird begutachtet, wird abgeklopft, ob ich ihn preisgeben kann oder ob er verdreht, versteckt, heruntergespielt werden muss. Ein Schauspieler kann nach der Arbeit nach Hause gehen. Ich nicht. Ich bin immer Schauspielerin, immer gewesen, und finde mich selbst nicht mehr. Wie wäre ich wohl, wenn ich so wäre, wie ich bin? Ich kann nicht sagen, wie ich bin. Als ich klein war, hatte ich beständig das Gefühl, gefilmt zu werden. Sah die Welt nicht aus meinen Augen heraus, sah mich selbst in dem kleinen rechteckigen Ausschnitt eines Fernsehbildschirms. Ununterbrochen. Konnte nicht eine Minute entspannen. Konnte nicht eine Minute ich selbst sein, eine Minute schwach sein. Dauernde Selbstdarstellung. Ungeheure Anstrengung, aber Schutz vor der Preisgabe meiner selbst. Dieser Schutz macht unendlich allein. Niemand darf mir nahe kommen. Nähe könnte auch ungefährlich sein? Darauf vertraue ich nicht.

Ich komme aus Berlin zurück, habe Julie besucht, niemand ist zu Hause. Plötzlich ist alles leer und leise nach einigen Tagen dauernder Gesellschaft. Ich würde gerne mit jemandem reden. Als meine Eltern nach Hause kommen, wollen sie schlafen: »Leg dich doch auch noch ein bisschen hin, dann können wir nachher zusammen Kaffee trinken und ein bisschen erzählen.« Nachher ist zu spät, diese festen Beisammenseins- und Redezeiten machen mich verrückt, jetzt will ich reden, jetzt jetzt jetzt. Jetzt fühle ich mich allein, und woher wollen die wissen, dass ich schlafen will, ich will nicht schlafen, ich will mich nicht ausruhen, ich bin allein. Nichts von alledem sage ich. Ich gehe in mein Zimmer und schreibe und schreibe und schreibe. Schlafen kann ich sowieso nicht, mein Herz rast wie verrückt, viel zu viel Kaffee, meine Nahrung, Kaffee den ganzen Tag.

Ist schon Zeit zu reden? Bereits als Kind war es so: Guck mal auf die Uhr, können wir schon essen? Es geht nicht darum, wann man Hunger hat. Es geht um die Uhr. Es geht darum, dass man nicht vor ein Uhr Mittagspause machen kann. Morgens Mischbrot, abends Schwarzbrot. Es geht nicht darum, worauf man Hunger hat. Wie hätte ich jemals lernen sollen zu spüren, was ich eigentlich will?

Habe 300 Gramm zugenommen und fühle mich erbärmlich dick.

Der Gedanke, einmal einfach der ganzen Familie ihre Verlogenheit ins Gesicht zu sagen, alles, was nicht in Ordnung ist, einmal mit einem Wort die heile Welt kaputtzumachen: faszinierend. Vielleicht ist mein Aussehen ein solches Wort, aber es bleibt sinnlos. Es gilt, was immer gilt: Wir schweigen. Wir sitzen auf einem Minenfeld, aber wer getroffen wird, wird weggeschafft und schnell vergraben, nichts soll daran erinnern können, dass die Welt nicht heil ist.

Und wenn ich es ausspräche, würde niemand mich anhören, denn ich bin krank im Kopf, das ist klar, und wer krank ist, spricht nicht die Wahrheit. Die Wahrheit aber kann ich nur mit meiner Krankheit aussprechen, einen anderen Weg habe ich nicht gelernt. Teufelskreis.

Es habe doch auch schöne Momente gegeben in meiner Kindheit: die Entgegnung, die ich immer bekomme, wenn ich versuche, mich verständlich zu machen. Ich wolle doch nicht behaupten, dass alles schlecht war. Nein, das will ich nicht behaupten, aber ich möchte akzeptiert sehen, dass meine Kindheit aus meiner Sicht betrachtet nicht glücklich war, dass ich als Kind nicht glücklich war. Ich möchte lediglich diese Tatsache anerkannt, gehört haben, aber genau dies ist es, was nicht sein darf: Du warst doch immer so glücklich als Kind! *Ihr wisst nichts.*

Mein Körper schmerzt vom Rauchen. Wie Sauerstoff ziehe ich den Rauch in mich hinein, Luft, die ich zum Überleben brauche, Nahrung für meine Seele und meinen übrig gebliebenen Körper. Ich klammere mich an meiner Zigarette fest, immerhin etwas in der Hand, immerhin etwas im Mund.

Ich bekomme ein Medikament, um meine Abwehrkräfte zu stärken. Wirkstoffe in einer Alkohollösung. Nicht Alkohol! Alkohol macht mich fett. Drei Löffel Alkohol am Tag werden mich fett machen. Ewige Diskussion mit dem Apotheker, bis er mir dasselbe in einer Wasserlösung besorgt. Einmal kaufe ich die falsche Flasche, schlucke sogar einen Löffel dieser tückischen Alkohollösung, der mich auf eine Mahlzeit wird verzichten lassen müssen, fühle mich ekelhaft nach diesem Löffel, weigere mich, auch nur einen weiteren Tropfen davon zu nehmen. Meine Mutter kauft eine neue Wasserlösung-Flasche.

Meine Aggressionen fressen mich auf. Oft stelle ich mir vor, alle anderen niederzuschießen, all dem ein Ende zu bereiten, was mich nicht in Ruhe leben lässt. Ich fühle mich eingeengt, und nur, indem ich mich selbst immer mehr einenge, schaffe ich einen Platz für mich, einen Platz, an dem ich endlich allein bin, zu dem niemand Zutritt hat, denn niemand versteht, wie es ist zu hungern, zu verhungern in einem Haus, in dem die Kühlschränke gefüllt sind. Ich will allein sein, denn die Welt trägt nicht.

Wenn ich so weitermache, werde ich in absehbarer Zeit völlig abhängig sein von anderen Menschen, Menschen, die mich entmachten können, die mir im ärgsten Fall die Mündigkeit entziehen dürfen. Es ist nicht so schwer, jeder Richter wird bescheinigen, dass ich nicht in der Lage bin, für mich selbst zu sorgen. Dann können sie alles mit mir machen, dann habe ich die völlige Abhängigkeit. Von meinen Eltern, die mich in eine Klinik einliefern lassen können, von Ärzten, die mir eine Sonde in die Nase schieben oder eine Infusion legen können. Von Therapeuten, mit denen ich reden muss, denen ich so lange ausgeliefert bleibe, bis ich mit ihnen rede.

Ich weiß um diese Fakten, natürlich weiß ich das alles, aber welche rechtliche Grundlage hilft mir zu essen, welcher Arzt, welcher Richter nimmt mir die Angst vor Vollmilch, welche sondenlegende Krankenschwester nimmt mich in den Arm, wenn ich mich am liebsten auslöschen und zerstören möchte, wenn ich nicht mehr weiterweiß, wenn ich nichts mehr tun kann, keine Handlung als eine eigene Handlung mir mehr offen ist außer derjenigen, die Nahrung zu verweigern?

Ich solle mich um etwas mehr Gewicht bemühen, um bis zum mündlichen Abitur durchzuhalten. Nur ein bisschen mehr. Ich sitze in dem bekannten Stuhl bei meiner Therapeutin, höre ihre Worte. Ich sage jaja, aber den Gedanken überhaupt in Erwägung zu ziehen ist absurd. Das Hungern ist doch meine Aufgabe, bin doch ich selbst. Mein Gewicht ist sowieso längst nicht mehr das, was meine Therapeutin vermutet. Sie ist gutgläubig. Sie wiegt mich nie. Und ich werde all ihren Worten zum Trotz mein Abitur schaffen, ich werde nicht vorher sterben, nicht vorher zusammenbrechen. Ich weiß das. Darum verschweige ich mein wahres Gewicht. Sollen die anderen sich doch in dem Glauben wiegen, dass es noch nicht kritisch sei. Es stimmt ja auch. Es ist nicht kritisch. Ich weiß das mit Sicherheit in meinem unterkühlten Kopf, ich weiß das. Zumindest, wenn die Sonne scheint und ich es geschafft habe, überall hinzugehen, wo ich hingehen will, wenn ich mir selbst bestätigt habe, dass ich noch alle Treppen steigen und alle Fußwege erledigen kann. Abends, wenn es dunkel ist, sieht es vielleicht anders aus. Aber jetzt ist Tag und ich kann noch atmen, noch reden, noch laufen, und darum sehe ich meine Therapeutin an und nicke und sage jaja und lächle ein bisschen und werde doch gleich sterben, wenn ich die Treppe heruntergehe und es draußen kalt ist.

Ich lese haufenweise Bücher über Magersucht, erkenne mich wieder und erschrecke. Vielleicht bin ich doch krank? Es ist so grotesk, denn wenn ich das akzeptiere, kann ich quasi nachlesen, was passieren wird. Zug fahren, wenn das Entgleisen abzusehen ist, wenn man mit offenen Augen der zerbombten Brücke entgegenfährt. Das ist mein Leben. Eingesperrt zwischen zwei Brücken: die eine der Tod, die andere, dass man mich zum Essen bringen wird. Ich muss es vergessen. Hier ist die Ausweglosigkeit, und ich schließe die Augen. Hier geht es nicht weiter, und ich weiß es, und darum vergesse ich, versuche krampfhaft zu vergessen, stürze mich in andauernde Arbeit, Aktivität, keine Minute Stillstand, Stillstand ist tödlich, wer stehen bleibt, stirbt, wer denkt, ist schon gestorben. Ich laufe fort, wie ein Hamster in einem Laufrad fortläuft, ich flüchte vor dem Nichts in das Nichts. Müsste ich nicht wissen, dass es noch eine dritte Möglichkeit gibt, gibt es nicht so etwas wie Leben? Für mich nicht, Leben würde Essen bedeuten und wenn ich esse, ist alles aus, die Möglichkeit scheidet von vornherein aus, und so ist da nur Tod, auf allen Seiten, aber ich will ihn nicht sehen, nichts darf dort sein, ich schließe die Augen niemals und vergesse.

Und irgendwo ist auch der Trotz: Ich bin doch anders. Ich bin nicht so wie all die Mädchen in den Büchern, ich bin nicht magersüchtig, ich brauche einfach nicht so viel Nahrung, bin ja auch nicht dünn, diese Krankheit ist doch nicht meine Krankheit, ich bin doch etwas Besonderes, ich gehöre da nicht hinein, ich gehöre in keine Klinik, ich bin ein anderer Fall, die anderen verstehen bloß nicht, stecken mich in eine Schublade, schon wieder eine Schublade, ihr habt alle so Unrecht, ich sterbe überhaupt nicht, ich bin nicht so, ich bin anders, ich lebe genauso, wie ich will, ihr versteht bloß nicht, ich muss nicht geheilt werden, ich muss von nichts geheilt werden, da ist nichts, lasst mich zufrieden mit euren Theorien.

Andere müssen essen, immer und immer. Ich werde Expertin für anderer Leute Essen. Überrede sie zum Essen, fülle ihnen nach, preise das leckere Essen: »Das schmeckt sehr gut (nur ich esse es nicht), koste doch mal!« Ich koche und backe die tollsten Sachen, probiere niemals. Ich stehe für meine Familie in der Küche, ich brate mit Öl und Butter, ich schenke Milch in anderer Leute

Kaffeebecher, ich unterhalte mich über Schokolade, als würde ich sie täglich tafelweise essen. Ich kann mich nicht erinnern, wann ich das letzte Mal Schokolade gegessen habe.

Nachts werde ich von meinem Hunger wachgehalten und davon, dass ich nicht weiß, wie ich liegen soll, weil alles schmerzt, weil meine Knochen wehtun auf der Matratze, ich schiebe mir die Handflächen unter die Hüftknochen, wenigstens irgendetwas zwischen den Knochen und dem Bett, auch wenn die Hände einschlafen, immer wieder wache ich nachts auf, weil meine Hände einschlafen, abgequetscht von meinen eigenen Knochen.

Als Kind bin ich morgens nicht aufgestanden, wenn ich aufgewacht bin, habe niemanden geweckt, keinen Lärm gemacht. Ich habe in meinem Bett gelegen und gewartet, bis meine Eltern es für eine angemessene Zeit hielten aufzustehen. Dann war es auch für mich die angemessene Zeit. Einmal habe ich mich als Kind beschwert, habe geheult, weil ich morgens brav im Bett gewartet habe, am vorangegangenen Abend war bestimmt worden, wir wollten alle ausschlafen. Ich habe mich schlafend gestellt, während meine Mutter über mich hinwegstieg, ihr Schwimmzeug einpackte und ins Schwimmbad fuhr. Niemals hätte ich solch einen Verrat vermutet. Habe geheult, als sie wiedergekommen ist. Um festzustellen: Sie glaubt mir nicht, dass ich wach gewesen bin. Sie spricht mir die Fähigkeit ab zu wissen, wann ich schlafe und wann ich wach bin: »Das bildest du dir ein!« Ich lasse nicht locker, am nächsten Tag heule ich immer noch. Da ist es für meine Mutter nur noch gereizt »Schnee von gestern«. Schnee von gestern, der jeden Tag fällt.

Langsam wird die Therapeutin unsicher. Ich bekomme Sondennahrung, darf sie aber selbst trinken. Fast unmöglich. Kann dieses hochkalorische Zeug nicht herunterbekommen. Zwei bis drei Flaschen am Tag soll ich trinken. Und zusätzlich essen. Wenn es gut geht, schaffe ich vielleicht eine viertel Flasche. Zum Ausgleich esse ich weniger. Ab und zu schütte ich etwas weg, damit niemand merkt, wie wenig ich in Wahrheit zu mir nehme. Schoko, Vanille, Cappuccino, Pfirsich, Erdbeere. Vanille ist am besten. Ich soll mich damit über die letzten Wochen schleppen, bis zum mündlichen Abitur, dem Körper die wichtigsten Nährstoffe zuführen. So der Plan meiner Therapeutin. Als ich in der Apotheke stehe und das Zeug kaufe, wundert sich niemand. »Ich bin wegen Anorexie in Behandlung.« Kopfnicken. So sehe ich wohl aus, auch wenn ich selbst es nicht glaube.

Ich kann das Denken kaum mehr ertragen. Kann vor allem ein Gefühl nicht mehr aushalten, das sich jetzt immer häufiger einschleicht, immer öfter an die Oberfläche tritt, immer dominanter wird: Ich fühle, dass ich sterbe.

Mir geht es immer schlechter. Teufelskreis aus der Angst vor dem Essen, vor der Gewichtszunahme und vor dem Tod. Abends nehme ich Schlaftabletten, um nicht nachdenken zu müssen. Nicht darüber nachdenken, dass ich Hunger habe, aber nichts essen kann, weil ich mich danach so schlecht fühlen werde, dass nichts, nichts dies wert ist. Nicht darüber nachdenken, was ich mit mir mache. Der selbst verschuldete Tod, hier kommt er und ich will ihn nicht. Will ich ihn nicht? Wenn ich ihn nicht wollte, dann würde ich anders handeln, oder nicht oder doch oder nicht? Noch nie zuvor hatte ich Todesängste. Ich mache mir selbst Vorwürfe, weil ich es nicht schaffe, auszubrechen. Nur der Vorsatz, weiter zu hungern, beruhigt. Das ist etwas, das ich kann, das ich kenne, das mir Sicherheit gibt. Dieser Vorsatz führt direkt in den Tod. Und trotzdem ist er alles, was ich habe. Darum ist es so wichtig, zu vergessen, nicht nachzudenken. Ich werde nicht sterben, denn ich esse doch noch, ich esse doch noch viel zu viel, daran halte ich mich fest. Ich kann gar nicht sterben, ich bin doch unsterblich, das haben alle nur vergessen, die mir das Gegenteil einzureden versuchen. Das vergesse ich selbst abends, wenn es dunkel wird, wenn die Angst zuschlägt. Im Bett bin ich zu unbeschäftigt, um die Todesfurcht dauerhaft abwehren zu können. Aber die Tabletten verkürzen immerhin diese kurze Spanne der Bewusstheit.

Als Julie mir sagt, egal, ob ich äße, ich äße zu wenig, um zu leben, weiß ich, dass auch das richtig ist. Aber wie alle anderen hat sie doch nur vergessen, dass ich unsterblich bin.

Wenn ich nachts aufwache, schreibe ich in völliger Schlaflosigkeit Geschichten, Beschreibungen der Magersucht, ewige Beschreibungen, ewige Gedankenkreise. Wie eine Ratte im Käfig.

Die Ratte kann sich kaum noch an die Welt draußen erinnern, obwohl sie weiß, dass sie einmal dazugehört hat. Zu Beginn ihrer Gefangenschaft hat sie manchmal draußen noch Gesichter vorbeigehen sehen. Sie hat gerufen, und manchmal sind sie sogar gekommen und sie haben ein paar Worte ausgetauscht, damals hatte die Ratte noch Hoffnung. Sie war jung und stark. Irgendwie, so hatte sie gedacht, würde sie wieder hinauskommen. Und sie hatte auf Hilfe von außen vertraut. Sie werden dich nicht hier drinnen lassen, hatte sie gedacht. Aber allmählich musste sie feststellen, dass sie seltener Gestalten vorbeikommen sah, und allmählich waren sie ganz zu Schemen verkommen, die sie lediglich in der Ferne vorbeiziehen sah. In letzter Zeit hatte sie kein Leben mehr außerhalb des Käfigs ausgemacht.

Aber irgendetwas muss da doch noch sein. Die Ratte springt auf, vergessend, dass dies nicht ihr erster Versuch ist, mit der Außenwelt Kontakt aufzunehmen. Sie schreit sich heiser. Bald ist sie mit Schweiß überdeckt. Eine Antwort kommt nicht.

Rastlos läuft die Ratte umher. Wie sie überhaupt hier hereingekommen ist, weiß sie nicht mehr. Ist sie selbst gegangen, hat man sie hineingesetzt? Die Tür stand jedenfalls früher einmal offen. Es spielt auch keine Rolle. Mehrmals durchquert sie den Käfig. Welches Loch, welchen geheimen Ausgang könnte sie noch übersehen haben? Ihre Augen wenden sich nach oben. Gitterstäbe überall. Auch die hat sie schon, sie weiß nicht wie oft, versucht aufzudrücken, unter Aufbietung all ihrer Kräfte. Manchmal klammert sie sich an die Käfigdecke. Über ihr ist dann der Raum außerhalb. Weit, unbegrenzt und hohl. Und wenn es nicht die Kräfte waren, die ihr nach einer Weile ausgingen und ihre Versuche, durch die Decke zu entkommen, zunichte machten, so war es schließlich die Angst vor dieser Unbegrenztheit, die sie herabfallen ließ. Hier ist sie doch sicher. Zumindest für den Moment. Die Ratte hat eine vage Vorstellung davon, was ihr blüht, wenn sie noch länger in ihrem Gefängnis bleibt, aber im Moment wiegt das nichts gegen die Vorstellung, ihre sichere, wenn auch unbequeme und ungeliebte Zufluchtsstätte zu verlassen. Aber will sie nicht eigentlich entkommen? Ist das nicht ihr Ziel? Manchmal vergisst sie, welches ihr Ziel ist.

Die Ratte stampft nervös ein paarmal auf den Boden und erzeugt so ein dumpfes Geräusch. Es lässt sie erschaudern. Gibt es eine Möglichkeit, durch den Boden zu fliehen? Nein, das hat sie schon vor einiger Zeit – das Gefühl für Zeit geht ihr manchmal verloren – probiert und sich Füße und Krallen blutig gescharrt.

Die Ratte zittert nun. Was hat sie in den letzten Stunden geschafft? Kein Stück ist sie weitergekommen. Und nun zieht schon wieder die Dämmerung herauf von irgendwoher aus dem sie umgebenden Nichts. Die Ratte fühlt sich wie zerschlagen, aber sie wird doch keine Ruhe finden. Müde rafft sie ihre schweren Glieder auf und beginnt auf der Suche nach einem Ausgang die Käfigwände abzulaufen.

Inzwischen handelt nur noch meine Krankheit. Ich selbst bin machtlos. Absurderweise werde ich von meiner Unfähigkeit zu essen verschlungen.

Bei einem Kurstreffen bin ich eine Weile allein mit meinem Lehrer. Er atmet ein und spricht aus, was er wahrscheinlich schon monatelang gesehen hat. Dass ich nicht besonders viel esse. Ja, stimmt. Stichwort Magersucht. Ja, möglicherweise, aber keine Angst, denn ich gehe in eine Klinik, und da wird alles wieder gut, eigentlich ist ja auch alles gar nicht schlimm, mir geht es doch gut, machen Sie sich keine Sorgen, so dramatisch ist es nicht. (Ich kann nur nicht essen und nachts nicht mehr schlafen, weil mein Körper wehtut, und wenn ich eine halbe Stunde spazieren gehe, bin ich so erschöpft wie früher nach einem Dauerlauf. Ich spüre, dass ich sterbe – haben Sie das schon einmal gespürt? –, ich kann vor Angst manchmal nicht mehr atmen, mir wächst Haar an Stellen, an denen gar keines wachsen dürfte, das ist aber normal, bei Magersüchtigen wächst oft so ein Flaum, der Körper versucht sich irgendwie warm zu halten, meine Regel habe ich seit vielleicht anderthalb Jahren nicht mehr bekommen, die Sondennahrung, die mich eigentlich bis zum Abitur am Gehen halten soll, schütte ich in den Abfluss. Aber keine Sorge, es ist nicht schlimm, kein schwerwiegendes Problem, wahrscheinlich nur so eine vorübergehende Phase.)

Ich fühle mich als Störfaktor in der Familie. Bin schuld, dass alles aus der Bahn läuft. Ich muss Vernunft annehmen. Ich mache alles kaputt. Ich sage, dass ich diesen Vorwurf nicht aushalte. Da sagt meine Mutter, dass sie sich unheimliche Sorgen macht. Dass sie sich nicht traut zu fragen, weil sie verunsichert ist. Dass sie Normalität vorspielt, wenigstens einen geregelten Tagesablauf mit geregelten Mahlzeiten vorspielt, um nicht völlig zu resignieren. Dass sie sich manchmal wünscht, ich würde sagen, was sie falsch gemacht hat, weil sie sich Vorwürfe macht, weil sie unsicher ist, weil ihr alles lieber wäre als diese Unsicherheit. Und dass sie mit zu meiner Therapeutin kommen würde. Letzteres hätte ich niemals erwartet. So oft gewünscht, aber nicht für möglich gehalten. Jetzt ist es zu spät, denn bald bin ich fort von hier.

Und morgen werden wir beide schon wieder spielen, Mutter und Tochter, werden darüber hinwegspielen, für einen Moment offen Schwäche gezeigt zu haben.

Ich lasse einen Bluttest machen, damit die nächtlichen Panikattacken aufhören. Ob wegen der paar Schlucke Sondennahrung oder sowieso, meine Werte sind einigermaßen in Ordnung. Ich bin beruhigt, traue mich nun noch weniger zu essen. Inzwischen wiege ich 45,7 Kilo. Kindergewicht. Die Angst hört trotz Testergebnis nicht auf.

Ich mache mein Abitur mit dem bestmöglichen Schnitt. Und nun? Ich werde in die Klinik fahren. Warum? Zeitvertreib. Immer noch glaube ich nicht, dass sich dort etwas ändern wird. Und immer noch glaube ich nicht, dass ich die Klinik wirklich nötig habe. 45,3 Kilo.

Die Abi-Entlassung: Ich will mein graues Kleid anziehen, kurz, mit kurzen Ärmeln, in vergangenen Zeiten einmal für ein Familienfest gekauft. Es sieht erbärmlich aus. Meine Mutter verzweifelt fast, ich sei zu dünn für dieses Kleid, das könne ich nicht anziehen, ich werde alle erschrecken, es sehe schrecklich aus. Nicht zumutbar. Mir ist ebenfalls zum Heulen, alle werden mich sehen, alle werden meine Beine angucken, so dick. So dünn, sagt meine Mutter. Wir verzweifeln aus unterschiedlichen Gründen. Schließlich ziehe ich die schlabbernde Stretchhose an und ein weißes T-Shirt, viel zu kalt, es ist Juni, also noch ein Jackett. Ertrinke fast in dem Jackett. Da ich Klavier vorspielen soll, trinke ich einen Extraschluck Sondennahrung. In drei Tagen bin ich sowieso auf dem Weg in die Klinik, darum könnte es eigentlich doch gleichgültig sein, könnte ich eigentlich doch eine ganze Flasche austrinken, soll ich nicht in der Klinik sowieso zunehmen? Aber nein, zunehmen werde ich niemals, und außerdem werden sie dort über mich lachen, wenn ich jetzt noch zunehme, werden mich wieder nach Hause schicken, mich als Schmarotzer betrachten, der es gar nicht verdient hat, dort zu sein, weil er gar nicht krank ist, es gar nicht nötig hat.

Abends zum Abi-Ball ziehe ich dann doch ein Kleid an und fahre wieder zur Schule, ein letztes Mal. Ich habe gute Laune, antrainiertermaßen, nehme Glückwünsche zu meinem Abitur entgegen, lache, gehe zum Buffet, esse ein bisschen Salat, tanze, trinke, setze mich hin, unterhalte mich, ohne da zu sein. Alles ist normal, alles wunderbar, ich habe Abitur und mein Leben liegt vor mir, ist das nicht schön, ein super Abitur, danke, ja, damit kannst du alles studieren, ja, vielen Dank, alle Wege stehen dir offen, sicher, ja, ist das nicht wundervoll?

Und zuletzt nehmen mich alle in den Arm und wünschen mir Glück, vielleicht haben sie mich doch gemocht, fast werde ich traurig, warum sind alle so lieb zu mir, ich will fort, kann damit nicht umgehen, darum packe ich meine Koffer und fahre.

Digging in the dirt
Stay with me I need support
I'm digging in the dirt
to find the places I got hurt
Open up
the places I got hurt
Peter Gabriel

Wer bin ich? Diagnose: Anorexia nervosa (restriktiver Typus), zwanghaft-depressive Persönlichkeitsstruktur. Mortalitätsrate 10 %.

Im Zug nach Süden, elf Stunden Zugfahrt zwischen mich und meine frühere Umgebung bringen. Elf Stunden lang höre ich dieselbe Kassette, elf Stunden lang bekomme ich Angst. Mehrmals überlege ich, ob ich aussteigen soll. Noch kann ich fort, ich habe meine Koffer dabei, genug Geld, eine Kreditkarte. Vielleicht in München. Die Koffer ins Schließfach, durch die Stadt bummeln, mich ins Café setzen, den Menschen beim Einkaufen zusehen, Kaffee mit Süßstoff trinken, einfach in meiner Welt bleiben. In einem Hotel wohnen, verschwinden. Wieso soll ich in diese Klinik fahren, sie werden versuchen, mich zum Essen zu bringen. Ich habe Angst. Aber ich steige in München in den nächsten Zug, fahre weiter. Und irgendwann bin ich angekommen, werde von einer Schwester begrüßt, bekomme ein Zimmer, irgendwann gibt es Abendbrot, das ich nicht esse, und irgendwann bin ich allein, fremd in einem fremden Raum am anderen Ende des Landes. Was habe ich bloß getan, jetzt sitze ich in der Falle, eine Falle, in die ich selbst hineingelaufen bin. Natürlich ist mein Leben manchmal anstrengend, natürlich ist mein Essverhalten nicht wie das der anderen Menschen, natürlich bin ich in deren Augen irgendwie krank. Aber es funktioniert doch. Ich bin doch nicht gestorben, ich habe sogar mein Abitur gemacht, ich habe eine FÖJ-Stelle bekommen, warum also bin ich hier? Man wird mich hier nicht abnehmen lassen. An Zunehmen kann ich nicht einmal denken. Ich will nach Hause, und werde doch hier bleiben. Denn irgendwo weiß ich ja doch, dass dies hier meine Chance ist, dass ich mein Leben zerstöre, wenn ich so weiterlebe wie bisher. Ich habe Angst vor dieser Chance, muss es denn schon jetzt sein, sie werden mir alles nehmen, was ich habe, meine Identität, alles, was ich bin. Ich will nicht »normal« werden. Ich würde mich schämen, im Leben der anderen anzukommen. Ich will dort nicht hin. Ich lebe in der Hölle, aber den Himmel der anderen will ich nicht. Aus dem kann ich herabfallen, der ist niemals sicher, niemals perfekt. Ich habe das Perfekte kennen gelernt und das will ich nie mehr missen.

Ich fühle mich verloren, will weglaufen, will bleiben. Wer bestimmt überhaupt, was normal ist? Vielleicht ist mein Verhalten normal, vielleicht ist mein Körper normal. Ich will meinen Körper nicht weggeben, er ist das Einzige, was mir gehört. Ich will ihn so behalten, wie er ist. Können sie nicht machen, dass es mir besser geht, ohne dass ich ihn aufgeben muss? Irgendwann schlafe ich völlig übermüdet ein. Ich und mein Körper in einem weißen fremden Bett.

Ich bin verwundert, dass mein Therapeut sofort sieht, dass ich wegen einer Essstörung hier bin. Wie der Kaiser von seinen neuen Kleidern, so bin ich von meinem Dicksein überzeugt. Wenigstens sagt er, dass niemand mich zu etwas zwingen will. Ich kann normal essen, mit den anderen, ich brauche keine Sonde, was mir wieder einmal bestätigt, dass ich so krank nicht bin. Ich sage, dass das Essen nicht das Wichtigste sei, dass es sich ja vielleicht mit der Zeit von selbst ändern werde. Sage es, um den Anschein zu erwecken, dass es nicht relevant wäre, dabei ist es das Einzige, was Relevanz hat, und es wird sich nicht von selbst ändern, das werde ich zu verhindern wissen. *Ihr dürft es mir nicht nehmen!* Er sagt nichts dazu, aber es scheint akzeptiert, zumindest eine Woche lang wird er es sich anschauen, eine Woche, in der ich essen kann, wie und wie viel ich will.

Sich einmal in den Zug gesetzt zu haben reicht nicht. Ich muss mich entscheiden, was ich will, ob ich irgendwo ankommen will und wo. Der Therapeut kann nichts für mich tun, wenn ich mich nicht selbst entscheide, mich selbst bewege. Ich bin nicht sicher, was ich will (immerhin werde ich langsam unsicher). Ständig der Gedanke, dass es so schlimm doch gar nicht war zu Hause, dass es so schlimm doch gar nicht ist mit dem Essen. Weiß nicht, ob ich in die Therapie einsteigen will. Kann mich nicht an den Gedanken gewöhnen anzufangen, meine Sucht aufzugeben.

Auch hier bin ich außen vor. Ich weiche aus, suche die Gemeinschaft der ohnehin Andersartigen, um jeder Kritik, jedem Angriff zu entgehen. Umgebe mich nur mit älteren Menschen, bei denen ich schon aufgrund meines Alters etwas Besonderes bin, zu deren Welt ich sowieso nicht ganz gehöre. Es sind auch Jugendliche da, natürlich. Ich mag sie nicht. Ich will nicht dabei sein. Das rede ich mir zumindest ein.

Im Grunde habe ich einfach Angst. Angst vor der Härte der anderen, gegen die ich mich nicht wehren kann, weshalb ich mich immer wieder ihnen anpassen werde. Angst auch vor meinem eigenen Bild, das ich in ihnen sehe. Ein Mädchen, normal aussehend, völlig normal, erzählt, wie wenig sie einmal gewogen hat, klopft sich jetzt zufrieden auf den Bauch, ist stolz. Ich finde es abscheulich. Werde ich auch einmal so werden? Will ich so werden? Niemals. Normal. Ohne Identität. Ich ertrüge es nicht. Ich wäre nicht stolz, ich wäre neidisch. Neidisch auf jede Magersüchtige.

Ich werde hier zu nichts gezwungen, aber löst das mein Dilemma? Immer wieder wird mir die Falle klar: essen und mich sterbenselend dabei fühlen oder hungern und sterben. Hier sagen sie mir die Wahrheit: Esse ich nicht, dann sterbe ich. Es hilft mir mehr als jedes »Ich verstehe ja, dass Sie abnehmen wollen« meiner Therapeutin zu Hause, aber es macht mir meine Gefangenheit noch schmerzlicher bewusst. Friss oder stirb. Beim Sterben kann mir niemand helfen. Beim Essen vielleicht schon. Ich habe nur diesen einen Körper, in ihm muss ich noch mein ganzes Leben verbringen, und wenn ich ihn zerstöre, dann geht das eben nicht mehr. Aber essen? Ich muss mich tatsächlich entscheiden. Der Gedanke, ich könne so dünn bleiben, wie ich bin, könne einfach alles andere ändern, mein Verhältnis zu anderen Menschen, meine Traurigkeit, meine Gelähmtheit – er ist nichts als eine Flucht.

Ich könnte vielleicht essen, wenn man mir sagte, das sei das Ziel der Therapie, dann sei ich ein braves und gutes Mädchen. Dann wäre ich in sechs Wochen hier raus. Und könnte wieder anfangen zu hungern. Verlockender Gedanke. Ich weiß im Grunde, dass er mir nicht hilft, genauso wenig wie andere Fluchtpläne, die ich erdenke, Illusionen, die ich mir mache. Ich muss essen oder ich sterbe, wenn nicht bald (denn so krank bin ich ja nicht), dann irgendwann, aber ich suche immer wieder Gründe, Wege, Möglichkeiten, darum herumzukommen, es noch aufzuschieben. Noch nicht jetzt. Dann wieder mache ich mir Vorwürfe: Wieso bin ich so unverständig? Ich stehe doch unter Zeitdruck, will doch hier raus, will doch leben. Ich muss doch essen wollen. Muss muss muss. Zugeben, dass mein Nichtwollen ein schlichtes Nichtkönnen, ein Noch-nicht-Können ist, hieße, viel zu nachsichtig mit mir zu sein.

Meine Eltern machen mich sogar aus der Ferne aggressiv. Rufen an, erkundigen sich, ob ich äße. Ich fühle mich wie eine Kuh, von ihnen in die Ferne zur Mast geschickt. Es geht hier nicht primär um meine Gewichtszunahme, aber für meine Eltern geht es um genau das. Ich kann nicht davon berichten, wie es tatsächlich in der Klinik ist. Ich kann nicht vermitteln, wie es mir geht. Stattdessen erzähle ich, dass ich dreimal täglich esse. Zufriedenstellen.

Ich esse auch tatsächlich. Esse nur nichts auf. Eine ganze Portion? Nachtisch? Unvorstellbar. Mir kommt es vor, als verschlänge ich Massen. Tatsächlich nehme ich minimale Mengen zu mir. Für mich? Oder für meine Eltern? Der Vorsatz: Wenn ich es irgend-wann schaffen sollte, ein Eis zu essen, dann werde ich es alleine tun. Ganz alleine. Nicht für die Beobachter essen, sondern für mich. Nicht für die anderen glücklich werden, sondern für mich. Nicht für die anderen weiterleben, sondern für mich.

Ich vereinbare mit meinen Eltern, dass ich nicht mehr angerufen werden will, mich aber ab und zu melden werde. Ich kann mich noch nicht wehren, also halte ich mir die Gefahr erst einmal vom Leib.

Angst
Angst zu verschwinden
nicht mehr da zu sein
Begraben, verweht, vergessen
Nur eine kleine Regung der Luft
erinnert noch daran
dass da noch etwas war
dass dort einmal ich war
Aber durch diese Luft tanzen
nun wieder die Schmetterlinge

Ich habe solche Angst zu sterben, dass ich nachts zum Bereitschaftszimmer gehe. Angst zu sterben, weil ich nicht genug esse. Angst, dass schon alles zu spät ist, mein Körper schon zerstört. Und ich wäre schuld. Vielleicht erscheint dieser Gedanke noch bitterer als zu Hause, da hier ein anderes Leben zumindest gedacht werden kann. Zu spät sein und schuldig zu sein, die bitterste Vorstellung. Aber genauso groß wie die Angst vor dem Ende ist die Angst vor dem Anfang. Hier brauche ich immerhin keine Schlaftablette zu nehmen, um zu vergessen. Hier kann ich weinen und jemand hört mir zu. Hier darf ich mich fürchten und jemand nimmt mich ernst. Hier habe ich auf einmal eine Stimme.
Andauernde Müdigkeit. Es ist so anstrengend, immer wieder auszupacken, aufzuwühlen, was eigentlich unangerührt bleiben

möchte. Ich gerate an meine Grenzen, kann nicht mehr, völlige Erschöpfung. Aber ich mache weiter. Grabe immer wieder von neuem. Kindheitserinnerungen, alte Gefühle, Erlebnisse, Enttäuschungen, ungeweinte Tränen, ungeballte Fäuste, verschlossene Wut. So anstrengend, weil es so schrecklich beängstigend ist, weil es mich wie etwas Furchtbares anfällt. So lange Zeit habe ich es ruhig gehalten, akribisch eingesperrt, weggeschlossen durch Kontrolle. Über alles habe ich Kontrolle gehabt, über jede Nudel, jeden Schluck Milch, jede meiner Handlungen, jede Begegnung mit anderen. Nichts, was von mir nicht geplant war. Was immer da Forderungen gestellt hat, was immer sich da aufspielen wollte, eine Angst, eine Wut, eine Enttäuschung, eine Unsicherheit, eine Lust, ein Hunger, ich habe alles beherrscht. Ich brauchte nichts, ich war stark, ich wollte nichts, ich war beschäftigt mit Nichtessen, nur darauf kam es an, das war mein Schutzschild, und solange ich darin die Oberhand behielt, war ich perfekt, konnte mir nichts etwas anhaben.

Und darum tut es so weh, zu merken, dass nichts von dem Ungewollten fort ist. Es bedroht mich. Ich war doch unbesiegbar. Ich will diese Gefühle nicht. Ich war doch sicher. Ich will meinen Schutz nicht ablegen. Und will im Grunde nichts lieber als das, weil es doch so gut tut, weil es doch so entlastet, nicht immer in einer schweren Rüstung zu stecken, nicht die ganze Zeit Wacht zu halten, sich nicht die ganze Zeit gegen Feinde und potenzielle Feinde und eingebildete Feinde und selbst erklärte Feinde verteidigen zu müssen.

Morgens im Park treffe ich einen anderen. Unglaublich dünn. Schmerzlich dünn. Ich vermute, er ist drogenabhängig. Er ist magersüchtig. Ich habe noch niemals einen magersüchtigen Jungen getroffen. Er redet, und ich erkenne mich. Hier ist jemand, der versteht, der ganz nahe ist. Und es tut wahnsinnig gut, doch gleichzeitig kommt sofort die Angst. Ich kann mich doch auf nichts einlassen, noch nicht einmal auf den kleinsten Kontakt, mir ist das zu viel. Ich gehe zum Klinikgebäude zurück, zum Frühstück, zum sicheren Tagesablauf.

Woher kommt diese Angst vor den Menschen, diese Angst vor Kontakt? Vor Sarah flüchten, so panisch, dass ich mir den Kopf anschlage, vor diesem Jungen flüchten, der doch so nah scheint, mich doch verstehen könnte vielleicht, ein Verständnis, wie ich es im Grunde herbeisehne, aber das zulassen: unvorstellbar. Andere Menschen sind unberechenbar, haben keinen festen Kalorienwert, kein Haltbarkeitsdatum, sind einmal wohlschmeckend und einmal giftig. Nur auf mich selbst kann ich mich verlassen, alles andere trägt nicht, ist nicht real, kann plötzlich verschwinden und mich verletzen, ich verlasse mich niemals, ich vertraue nicht. Komm, ich trage, lockt das Eis, aber es wird brechen. Sicherheit kann nur ich mir geben. Die Welt ist nur vermeintlich verlässlich. Ich will nichts brauchen, was verschwinden könnte, und so brauche ich auch diesen Menschen nicht, denn was ist unverlässlicher als ein Mensch?

Aber ich treffe ihn wieder – Lukas heißt er – und wir unterhalten uns, diesmal über das Frieren, auch er friert (verdammte Ähnlichkeit, verdammtes Verständnis), und er sagt einen Satz, den ich nicht mehr abweisen kann, weil er in mich eindringt, ein Satz, der mir noch jahrelang beim Essen helfen wird (verdammte Hilfestellung, aber es ist zu spät, ich habe ihn schon gehört): »Kalorien sind Wärme.« Plötzlich bekomme ich ein wenig mehr Lust auf den Weg, plötzlich sehe ich eine Verheißung. Einmal, einen

Moment nur nicht frieren zu müssen. Was für eine Vorstellung! Vielleicht lohnt sich alles um dieses Momentes willen.

Noch etwas macht es leichter: Der Weg heraus ist kein Weg zurück. Ich gewinne nicht dieselben Kilos wieder zurück, die ich verloren habe, nehme nicht die Freundschaften wieder auf, die kaputtgegangen sind, ende nicht dort, wo ich losgegangen bin. Ich werde an einer völlig anderen Stelle ankommen. Ich will nicht zurück. Aber woanders hinzukommen wäre eine Überlegung wert.

»Schau dich doch mal an!«, sagt Lukas zu mir, »du siehst genauso aus wie ich.« Blödsinn! Doch nicht wie er! Er ist völlig abgemagert. Krank sieht er aus, verhungert, elend. So bin ich nicht. Ich bin viel zu dick. Ich bin vielleicht dünner als andere Menschen, aber doch nicht zu dünn. Doch nicht so dünn. Ich esse doch viel zu viel. »Du siehst genauso aus. Schau dich doch mal an!«

Ich erschrecke, als ich merke, dass er Recht hat. Schaue mich im Spiegel an, als hätte ich mich niemals zuvor gesehen. Da ist nichts mehr. Knochiger Rücken, irgendwo stechen die Schulterblätter spitz hervor. Meine Hüftknochen, die bei jedem Liegen schmerzen. Einen Busen habe ich schon lange nicht mehr. Mein Gesicht hager, tiefe Höhlen für die Augen, blass, spitz. Ich sehe aus wie er. Ein Gerippe. Immer drehen sich die Leute nach uns um. Nach ihm, habe ich gedacht, aber jetzt wird mir mit einem Mal bewusst: auch nach mir. Mein Körper ist nicht hinreichend ernährt. Ich habe ihn nicht hinreichend ernährt.

Ich esse. Nicht nach rechts und links schauen. Es kommt ein Tag, an dem ich esse. Frühstück: Müsli mit Honig. Honig! Mittagessen: eine ganze Portion (natürlich ohne Soße, die Soße nicht, aber ein ganzer Teller Essen). Danach einen Cappuccino und einen Riegel Yogurette. Allein das ist so bedeutsam, dass ich das Schokoladenpapier in mein Tagebuch klebe. Schokolade! Und sie hat geschmeckt. Ich habe mir lange eingebildet, Schokolade sei nichts für mich, nichts, das mir schmeckt, nichts, das zu meiner Nahrung gehört. Nun merke ich, dass das nicht stimmt. Ich habe es mir jahrelang eingeredet, bis es tatsächlich in mir verankert war. Abends: Salat und eine Schnitte Käsebrot, auf dessen einer Seite ich den Käse ein Stückchen zusammenfalte, etwas, das ich seit zwei Jahren nicht mehr getan habe, doppelte Schicht Käse: Wahnsinn. Buttermilch, Melone, Zwieback. – Ich fühle mich erbärmlich. Spüre das Fett an mir wachsen. Aber ich merke auch noch etwas anderes: Die Welt ist nicht untergegangen. Ich bin nicht vor Panik gestorben. Ich habe überlebt.

Immer bleibt der Vergleich mit den anderen. Essen sie mehr als ich? Gut so. Essen sie weniger? Dann ist Wetthungern angesagt, dann fühle ich mein Fett wachsen, fühle meine Gefräßigkeit. Treiben sie Sport? Wie dick sind sie? Alles wird von mir erfasst, abgecheckt, immer ordne ich alle und mich ein in das Raster, ein Leben im Vergleich. Wenn Neue in die Klinik kommen, erfasst mein Blick die Magersüchtigen sofort. Ich weiß, worauf ich achten muss. Mache ich eine Magersüchtige aus, dann geht es los: Hoffentlich landet die nicht in einer meiner Gruppen, denn ich habe doch nun schon angefangen zu essen, die andere noch nicht, sie wird dünner sein, sie wird wichtiger sein, sie hat noch alles, was ich schon dabei bin aufzugeben. Dann fällt es plötzlich wieder schwer, einzusehen, dass ich doch leben wollte. Dann möchte ich nur noch zurück, wieder am Anfang sein. Dann will ich meine Krankheit nicht verlassen, die mir doch Sicherheit gibt, gewohntes Terrain ist. Schwer, die Dazwischen-Welt. Noch nichts Neues aufgebaut haben, aber trotzdem das Alte aufgeben. Es macht mich verletzlich. Nur innerhalb der Klinik, nur im Schutz einer 24-stündigen Betreuung lässt sich dieser Zustand ertragen. Wie ein Krebs, der seinen alten Panzer ablegt, um einen neuen zu bilden. Für eine Zeit lang völlig schutzlos am Grunde des Meeres, rohes Fleisch, für jeden offen liegend, um hineinzuhacken.

Wie kann ich nur? Wie konnte ich nur jemals anfangen hier zu essen? Alle Leute werden meine Krankheit als pubertär abtun. Als medienbestimmte »Ich will so aussehen wie Kate Moss«-Phase. Niemand wird mich mehr ernst nehmen. Gedankenkreisel, die mir immer wieder das Eine sagen, dass ich nicht wichtig sein werde, dass niemand mich mehr ernst nehmen wird, nähme ich wieder zu. Vor allem würde ich selbst mich nicht mehr ernst nehmen.

Wie die anderen. So wollte ich niemals sein. So will ich nicht, dass mein Leben ist. Ich verwechsle Glück mit Oberflächlichkeit, Lachen mit Dummheit. Ich will nicht glücklich sein, wenn Glück das Leben der anderen ist. Die dunkle Welt ist verlockend. Aber manchmal schleicht sich doch der Gedanke ein, wie erholsam es wäre: einmal nicht ernst sein müssen, einmal nicht den Tod vor Augen haben, einmal nicht alle Übel der ganzen Welt in sich vereinen wollen, einmal vielleicht auch Gemeinschaft empfinden. Preis: die Besonderheit. Oder sind schöne Augen auch etwas Besonderes?

Mir wird immer mehr klar, wie häufig ich die Meinung meiner Mutter für die meine halte. Wie oft habe ich mich davon überzeugen lassen, abends nicht wegzugehen, sondern lieber gemütlich fernzusehen, nicht durch ein Verbot, nicht durch eine Bitte, sondern durch ein ständiges »Für mich wäre das ja nichts ...« Immer verbunden mit einem »Du musst es selbst wissen ...«, aber damit ist klar, dass ich dann selbst schuld wäre, wenn ich am nächsten Tag erschöpft und müde und verkatert wäre, dass sie es ja dann schon gleich gewusst hätte, dass ich mich dann nicht beschweren könnte, dürfte … und diese Verantwortung kann ich nicht übernehmen, will ich nicht übernehmen, bloß nicht selbst schuld sein, schuld schuld schuld, immer die Schuldfrage klären. Immer habe ich mich überzeugen lassen, habe meine Meinung verloren. Was will ich eigentlich, was tut mir gut, was ist mir wichtig? Wenn ich keine Vorgabe bekomme, kann ich nicht entscheiden, was ich möchte. Was tut man denn? Was möchte man denn? In der Gestalttherapie: »Malt, was ihr wollt!« Aber was will ich, was verdammt noch mal will ich malen?

Bisher habe ich immer gesagt, ich esse morgen: Morgen esse ich ein Stück Schokolade, morgen esse ich den Kuchen, den ich geschenkt bekommen habe. Nächste Weihnachten probiere ich die neue Lebkuchensorte, die auf den Markt gekommen ist. Wenn ich dünn genug bin, dann lutsche ich auch wieder ein Gummibärchen, wenn ich Schluckauf habe. Morgen war immer niemals. Aber morgen kommt zwangsläufig. Mein ganzes Leben hält mein Körper die Magersucht nicht aus. Mein ganzes Leben halte ich die Magersucht nicht aus. Wenn ich aber sowieso irgendwann essen muss, dann kann ich es doch auch jetzt tun?! Kaum wage ich den Gedanken zu denken, aber er ist der einzig richtige.

Also fortfahren zu essen. Beinahe kann ich es selbst nicht glauben, was ich alles zu mir nehme. Kann es nicht glauben, weil ich niemals daran geglaubt habe, dass es je wieder so sein würde. Fühle mich wie nach einem religiösen Fasten oder einer schweren Krankheit.

Als wäre einem plötzlich wieder etwas erlaubt, was einem verboten war und von dem man nicht einmal mehr in Erwägung gezogen hatte, es gar nicht mehr im Bereich des Möglichen gesehen hatte, dass es einem je wieder erlaubt würde. Nur hatte ich es mir selbst verboten.

Auch mein Leben nach der Klinik habe ich mir als ein Leben ohne Schokolade, ohne Nachtisch, ohne jegliche Genüsse vorgestellt. Eine heiße Schokolade zu trinken, ohne dafür eine Mahlzeit ausfallen lassen zu müssen – und sei sie auch nur aus dem Automaten und wahrscheinlich sowieso mit Magermilchpulver hergestellt –, ist eine völlig neue Erfahrung. Ich hatte Derartiges völlig aus meinem Leben verbannt. Es war etwas, das andere Leute tun. Nun merke ich, dass es auch zu meinem Leben dazugehören kann. Abwechselnd damit die Verzweiflung: Wie kann ich nur so viel essen? Das Gefühl eines vollen Magens beißt sich mit der Freude und Verwunderung darüber, dass Essen plötzlich nicht mehr tötet, nicht mehr verletzt, nicht mehr lebensgefährlich ist durch die Angst, die es hervorruft, die es immer noch hervorruft.

Ich verstehe auch nicht ganz, warum ich jetzt esse. Warum ist es hier plötzlich leichter? Warum geht es auf einmal? Und warum tue ich es? Bin ich denn wahnsinnig geworden?

Ich fürchte, hemmungslos zu werden, fett zu werden. Fürchte mich davor, das nächste Mal auf die Waage zu steigen, das Ergebnis meiner Ungezügeltheit zu sehen. Angst, es ginge zu schnell. Angst, nicht mehr ernst genommen zu werden: Wenn es so schnell geht, dann kann es dir doch gar nicht richtig schlecht gegangen sein. Angst vor dem Vergleich mit anderen Magersüchtigenkörpern. Angst, mich selbst nicht mehr zu mögen. Meine Beine. Alles andere wird vielleicht schöner durch ein bisschen mehr Masse, aber dicke Beine finde ich abscheulich. Angst, mich selbst abscheulich zu finden.

Im Grunde spielt es keine Rolle, da ich mich auch beim Nicht-essen abscheulich gefunden habe. Es ist doch niemals wenig genug. Ich kann nur lachen über Menschen, die Magersucht als Modeerscheinung sehen: Die Mädchen möchten aussehen wie Models. Bekloppte Theorie. Wenn man aussehen will wie ein Model, dann hört man auch verdammt noch mal mit Hungern auf, wenn man aussieht wie ein Model. Man macht nicht weiter. Man macht nicht weiter, bis man aussieht wie ein halbes Model. Magersucht ist anders: Man isst immer zu viel. Und darum kann ich auch genauso gut mehr essen, dann ist es eben auf einem anderen Level zu viel. Aber das weiß nur mein Verstand, mein Gefühl sagt: weniger essen, weniger, weniger.

Das nächste Wiegen kommt und zugenommen habe ich nicht, im Gegenteil. Knapp über 45 Kilo komme ich noch. Die Therapie ist anstrengend, zehrt am Gewicht. Noch verbrenne ich sämtliche Nahrung für die Anstrengung, mich selbst zu finden, ich selbst zu werden. Und plötzlich ist alles wieder schwerer. Denn jetzt gäbe es doch noch ein unerwartetes Zurück. Ein Angebot zum Verharren in meiner alten Welt. Noch habe ich meinen dünnen Körper also noch, noch kann ich ihn behalten, ich muss doch gar nicht zurück, gar nichts muss ich. Immer wieder die Willenskraft aufbringen, diesen verlockenden Rückweg nicht zu gehen. Und immer wieder gegen den Gedanken kämpfen, der mir vorrechnet, was ich in dieser Zeit alles abgenommen hätte, wenn ich aufs Essen verzichtet hätte, ich wäre jetzt noch dünner, noch besser ... Immer der Lockruf: Komm zurück.

Noch eine Erklärung, warum ich nicht zunehme: »Hör dich doch mal an. Hör dich doch einmal selbst reden!«, sagt Lukas, als wir übers Essen reden. Als ich es tue, merke ich: Meine Worte sind skurril. Was mir wie horrende Mengen vorkommt, sind für andere Menschen ganz gewöhnliche Mahlzeiten. Sind für andere Menschen kleine Mahlzeiten. Welche Absurdität zu glauben, ich sei anders als alle anderen. Welche Absurdität zu glauben, jeder Bissen mache mich fett. Teilweise ist es tatsächlich so, mein Körper funktioniert nicht mehr ganz wie anderer Menschen Körper, hat sich an die kleinsten Mengen gewöhnt. Und natürlich, ein bisschen fett macht jeder Bissen. Aber wie kann ich erwarten, wirklich zuzunehmen von Portionen, die für andere Menschen diätisch sind? Ich habe so verquere Vorstellungen von Nahrung. Der Gedanke, ich würde sofort wahnsinnig dick, wenn ich einmal zum Essen eingeladen bin, einmal mehr esse als sonst. Die daraus resultierende Panik, die jedes Beisammensein, jedes soziale Leben zerstört. Der Extrakeks, das eine Bier mehr, weil es so gemütlich ist, alles ein Schlag auf die Waage, eine Kampfansage an den Körper. Dass der Körper die Nahrungsaufnahme von selbst reguliert, dass ich vielleicht an einem anderen Tag weniger essen werde, einfach weil ich weniger Hunger habe, dass mein Körper merkt, wann er genug, wann zu viel und wann zu wenig hat, ohne dass ich rechnen und rechnen und rechnen muss, das alles begreife ich nicht mehr. Muss erst wieder lernen, auf einen Körper zu vertrauen, dem ich selbst in mühevoller Arbeit jegliches Gespür für sich abgesprochen habe.

Lange noch werde ich durch die Welt gehen, behindert, nicht fähig zu erkennen, was eine normale Portion ist, was zu viel, was zu wenig. Wer dick, wer dünn, wer durchschnittlich ist. Jahre noch werde ich mich an anderen orientieren. Wie ein Analphabet, der sich durchs Leben schummelt, stets befürchtend, jemand könne seine Unfähigkeit bemerken, orientiere ich mich an anderen, lerne lesen. Nicht zuerst die Sprache meines Körpers, sondern den Kontext, an dem ich mich orientieren kann. Lerne lesen, wenn jemand satt ist, und weiß so, nach welcher Menge man ungefähr satt ist. Meinem eigenen Urteil kann ich nicht mehr vertrauen. Ich weiß nicht mehr, wann ich satt bin und wann ich Hunger habe, fühle mich unproportioniert, fehl am Platz, unwohl, falsch. Mein Körper bin nicht ich. Immer wieder flüchte ich mich in Sport, um ihn überhaupt zu fühlen. Wenn er erschöpft ist, wenn er schmerzt, dann fühle ich ihn am besten. Und dann fühlt er sich am besten an.

So viel verlorene Zeit, die ich niemals zurückbekommen werde. Ich weine Stunden um diese Zeit. Vertane Zeit. Sie ist nicht verloren, wenn ich es genau betrachte, wenn mein Verstand es betrachtet, aber im Moment hat mein Verstand nichts zu sagen, im Moment fühle ich nur Bitterkeit um eine Kindheit, die nicht mehr nachzuholen ist, um all die Jahre, in denen ich nicht gelebt habe. In denen ich noch nicht einmal gewusst habe, dass ich leben kann. Jahre mit Unglücklichsein, danach Jahre mit Hungern, Frieren, Rechnen, Isolieren und wieder Unglücklichsein. Wer ich war? Ein kleines dünnes Mädchen, an die Heizung gekauert, den Kaffeebecher mit schwarzem Süßstoffkaffee in den erfrorenen Händen. Niemals will ich dorthin zurück und weiß doch nicht, wohin sonst.

Aber hier endet dieses alte Leben langsam. Was bleibt, wenn es fort ist? Was kann es ersetzen? Wie wird es sein, wenn ich hier rauskomme? Oft Angst vor der Erwartungshaltung der anderen, vor dem »Gesund«-Sein, vor dem Spiel, dass alles wieder in Ordnung ist.

Ich kann mir genau die Situationen vorstellen, die kommen werden. Wenn meine Großmutter sich freuen wird, dass ich wieder Kuchen esse. Will begreiflich machen können, dass es darum nicht geht. Dass gerade die Menschen, die sich damit zufrieden gegeben haben, dass ich Kuchen esse und gute Noten habe und gut aussehe, die Menschen sind, die mich dazu gebracht haben, keinen Kuchen mehr zu essen. Erst wenn ich so weit bin, das sagen zu können, werde ich es nicht mehr nötig haben, mich dadurch verständlich zu machen, dass ich keinen Kuchen mehr esse.

Es kommt ein Punkt, an dem ich denke: Ich würde es nicht noch einmal schaffen. Nicht noch einmal wäre ich fähig zum totalen Hungern, zur totalen Verweigerung. Diese Einsicht nicht als Schwäche, sondern als Entwicklung zu erkennen ist schwer genug. Sich dadurch nicht tödlich verwundbar zu fühlen ist fast unmöglich.

Als wäre ich durch ein Sieltor ins offene Meer gelangt. Kein Zurück. Selbst wenn ich noch von den Wellen zurückgeworfen werde, selbst wenn ich noch unbeholfen schwimme, selbst wenn ich noch kein Ziel habe und zuweilen drohe unterzugehen: Ein Sieltor ist nur zum Meer hin durchlässig, einen Weg zurück gibt es nicht.

Dass es nicht stimmt, werde ich noch früh genug erfahren.

Krampfhaft muss ich ständig irgendetwas tun. Völlig erschöpft von der Therapie, völlig erschöpft von dem gesamten Tagesablauf lasse ich mich doch nicht zur Ruhe kommen. Als eine Schwester mir vorschlägt, fast verordnet, mich eine halbe Stunde auf mein Bett zu legen, ist das eine irrige Vorstellung: Ich kann doch nicht einfach gar nichts tun! Unvorstellbar. »Sie tun nicht gar nichts, Sie ruhen sich aus.« – »Aber ich werde nicht schlafen können!« – »Sie müssen nicht schlafen.« – »*Aber was soll ich tun?*« – »Sie sollen sich ausruhen. Versuchen Sie es eine halbe Stunde lang.«

Ich bin überzeugt davon, eine schreckliche halbe Stunde vor mir zu haben, noch niemals habe ich mich einfach hingelegt und gar nichts getan, aber nach einer Weile stelle ich fest, dass es geht. Stelle sogar fest, dass es mir gut tut. Gedanken ziehen vorbei, sortieren sich, ich kann ruhiger atmen, nehme meine Umgebung wahr, spüre sogar ein bisschen meinen Körper. Faszinierend. Vollkommen unbekannt. Ist das für andere selbstverständlich?

Die Rechnerei lässt sich nicht abstellen. Wir feiern den Geburtstag einer anderen Patientin. Bowle in Teekannen, Tortenguss, den wir im Wasserkocher kochen, der völlig verklebt.

Aber entweder Torte oder Abendbrot. Beides schaffe ich nicht, beides hält mein Kopf vor Angst nicht aus. Immer wieder muss ich mich entscheiden. Immer wieder beginne ich zu rechnen. Immer wieder startet das Karussell in meinem Kopf und lässt sich nicht anhalten, lässt mich nicht abspringen, lässt sich nicht von einer anderen Fahrtrichtung überzeugen. Immer wieder dasselbe Muster, aber ich kann wenigstens eines von beidem essen.

Dann wieder habe ich Angst, jemals wieder Hunger zu haben. Manchmal esse ich auf Vorrat. Niemals will ich wieder hungrig sein, jetzt, da ich weiß, dass es auch in Ordnung ist, wenn ich satt bin. Dass ich essen darf. Dass auch ich Nahrung verdient habe.

Lernen, wütend zu sein. So schwierig, denn Aggressionen sind doch böse, machen doch, dass ich nicht mehr geliebt werde, nicht mehr sicher bin!?

Mein Therapeut kommt nicht zum Termin. Ich sitze vor der Tür, warte. Klopfe ein paarmal zaghaft an die Tür. Niemand macht auf. Bis ich fester klopfe, dauert es eine Weile. Keine Antwort. Irgendwann versuche ich, die Tür zu öffnen. Verschlossen. Ich gehe ins Sekretariat. Die Sekretärin rät mir zu warten, bis ich zu meinem nächsten Termin müsse. Wenigstens das tue ich nicht. Gehe eine Zigarette rauchen. Zwei. Hilflos. Enttäuscht. Irgendwo vielleicht wütend, aber das niemals zugegeben, geschweige denn hinausgelassen. Ich gehe zur Musiktherapie. Jetzt aber, jetzt einmal meine Zaghaftigkeit überwinden, denke ich, wünsche ich mir. Wenn ich mich schon nicht äußern kann, dann jetzt wenigstens Lärm machen, auf etwas einschlagen, laut sein. Was wird daraus? Ein harmonisches Zusammenspiel mit dem Therapeuten. Fast habe ich ein schlechtes Gewissen, wenn ich lauter trommle als das Klavier, schlage ich einmal richtig zu, dämpfe ich den Ton sofort wieder ab, will die Melodien des anderen nicht übertönen, nicht zerstören. Rücksicht. Bricht mir einmal ein Ton aus, halte ich entsetzt inne. Hinterher hören wir uns zusammen das Band an. Ich klinge wie ein verschüchterter Vogel. Er sei nicht gestört gewesen, sagt der Musiktherapeut, er habe gehofft, dass etwas komme, er habe auf mich gewartet. Aber es kam nichts, nichts, was ich war. Alles, was ich war, war ich nur aus Rücksichtnahme auf ihn. So gut gelernt, Rücksicht zu nehmen. So gut gelernt, mich zu lähmen.

Verzweiflung über diese Unfähigkeit mich zu entfalten, zu öffnen, die Initiative zu ergreifen, ich selbst zu sein. Wie soll ich es jemals schaffen, wenn ich es schon hier nicht schaffe?

Mein Therapeut entschuldigt sich bei der nächsten Sitzung für sein Nichterscheinen, fragt, ob das so mit der Entschuldigung in Ordnung sei. Ja. Klar. Natürlich ist es in Ordnung. Jeder kann sich doch verspäten, ich verstehe.

Jeder kann sich verspäten, aber muss nicht jeder damit rechnen, dass der Wartende enttäuscht, vielleicht wütend ist?

Konzentrative Bewegungstherapie. Ich fühle mich wie mit meinen Freunden im Café. Alle tun irgendetwas, alle sehen irgendetwas darin, was sie tun, alle haben irgendwie, auf irgendeine unbegreifliche Art und Weise Spaß. Ich gehöre nicht dazu. Die anderen sind da, am selben Ort wie ich, aber ich bin isoliert. Der Einzige, der mich vielleicht versteht, ist Lukas, aber ihn zu erreichen versuchen traue ich mich nicht, weil ich nicht will, dass er, dass irgendwer denkt, ich sei in ihn verliebt. Aussichtslos. Ich ziehe mich zurück. Verhalte mich so abgeschottet, wie ich mich fühle. Und spüre zum ersten Mal den Schmerz, den ich sonst niemals zugelassen habe. Fühle meine Einsamkeit, fühle, wie weh sie mir eigentlich tut, kann den Schmerz nicht ertragen, aber kann auch nicht zurück, die anderen sagen mir nichts, ich will ihnen nichts sagen, ich weine nur noch und weine immer mehr. Hinterher werde ich nicht fortgelassen, werde gezwungen, der Therapeutin zu erklären, warum ich weine, zu berichten, wie ich sonst immer mitgespielt habe, immer Spaß, Dabeisein, Dazugehörigkeit gespielt habe. Heute nicht. Was die Frau als Fortschritt zur Authentizität ansieht, tut so weh, dass ich ihr am liebsten in die Fresse schlagen würde. Gehe hinaus und rauche. Manchmal will ich das, was ich bisher nicht ausgelebt habe, gar nicht hervorholen, aus Angst vor dem verspäteten Schmerz.

Warum bin ich so geworden? Manchmal wünschte ich, ausgelassen sein zu können, so sein zu können wie die anderen. Auch mittelmäßig sein zu können. Frei lachen zu können, ohne es zu spielen, nicht den ganzen Tag rund um die Uhr eine Maske aufzuhaben, Dazugehörigkeit mimen zu müssen. Gleichzeitig will ich das alles nicht brauchen, der anderen Nahrung, der anderen Spaß, der anderen Primitivität, verachte die anderen um ihrer

Oberflächlichkeit willen. Das Leben ist nicht so, es ist nicht so sicher. Das ist der wesentliche Unterschied: Meine Sicherheit, mein Geschätztwerden, mein Halt hing immer vom Einpassen ab. Wenn ich passte, brach die Welt nicht auseinander, war ich in Sicherheit. Meine Welt trägt nicht selbstverständlich. Ich musste mich nach allen Seiten absichern um, nicht zu fallen. Wenn ich zurückdenke, Kindergarten, Schule, immer war ich auf der einen Seite, und auf der anderen Seite waren die anderen, aber niemand hat jemals etwas gemerkt von dieser Grenze. Ich bin eine gute Schauspielerin. Bis ich fürchtete, von meiner Maske erstickt zu werden. Bis es unerträglich wurde. Nichtessen als Fluchtversuch. Im Nichtessen wollte ich authentisch sein, ich selbst, endlich ich selbst sein und trotzdem in Sicherheit.

Ich bekomme einen Brief von Sarah. Einmal meine beste Freundin. Sie schreibt, dass sie meinen exhibitionistischen Auftritt beim Abi-Ball völlig entsetzlich fand. Der Abi-Ball, zu dem ich tatsächlich ein relativ enges Kleid trug. Ich verstehe nicht. Verstehe nicht, was die andere mir vorwirft. Was hätte ich machen sollen? Irgendetwas musste ich anziehen, mir war nicht bewusst, dass ich so anders aussah, ich wollte mich nicht exhibitionieren. Der Brief macht mich wütend. Wer nicht versteht, dass ich mich nicht als dünn empfand, dass ich trotz Untergewicht eher Angst hatte, in dem Kleid zu dick auszusehen, der hat sich gar nicht die Zeit genommen, mich verstehen zu wollen, der versteht nichts. Später werde ich darüber nachdenken, vielleicht auch zu viel von meinen Freunden gefordert zu haben. Nun aber sitze ich da mit dem Brief in der Hand und fühle mich einmal mehr ausgeschlossen.

Aber es lohnt sich, darüber nachzudenken: Wollte ich, dass meine Magersucht wahrgenommen wurde, oder wollte ich genau das nicht? Habe ich mich selbst als krank wahrgenommen und nur getan, als dächte ich, alles sei in Ordnung, oder habe ich das tatsächlich gedacht? Vielleicht dies: Ich habe irgendwo gewusst, dass ich nicht normal esse. Ich habe sogar irgendwo gewusst, dass ich zu dünn bin, nicht nur nicht zu dick, sondern tatsächlich untergewichtig. Ich habe auch gewusst, dass ich daran sterben kann. Aber gefühlt habe ich es niemals. Gefühlt waren überdimensionierte Mengen. Gefühlt waren Übergewicht, Schwere, Hässlichkeit, Fettpolster am Po, am Bauch, an den Beinen. Stellen, an denen tatsächlich nur noch Knochen waren und ein paar Muskeln versuchten, weiter ihren Dienst zu leisten.

Und bestimmt wollte ich Aufmerksamkeit, wollte, dass jemand sich um mich kümmert. Und auf der anderen Seite wollte ich am Ende nur noch meine Ruhe. Wollte allein gelassen werden in meiner tödlich berauschenden Welt.

Zwiespältig so vieles in mir: Wunsch nach Unabhängigkeit bei gleichzeitiger Sehnsucht nach Nähe, Hass auf meine Eltern und doch auch Gefühle von Zuneigung und Verständnis, Verachtung für und Neid auf die anderen, Hunger und Verweigerung. Und dabei hasse ich Widersprüche, kann sie schwer aushalten. Mir fällt es so schwer, einmal nicht extrem zu sein, Schwankungen zuzulassen, mich nicht festzulegen und damit unsicher zu sein.

Ich soll vier Wochen länger bleiben. In Ordnung. Mir ist inzwischen alles recht, die Zeit ist irrelevant geworden.

Ich bin verliebt. Vielleicht. Wehre mich mit allen Gründen der Vernunft gegen dieses Gefühl, aber meine Vernunft spielt dieses Mal nicht mit. Zu lange habe ich Vernunft und Gefühlen vorgeschrieben, was sie zu denken, zu fühlen haben, nun machen sie sich selbstständig. Noch ist das Gefühl nicht bedrohlich, aber ich spüre es schon seine Kräfte sammeln, um mich anzugreifen.

Ich unterhalte mich mit Lukas über meine Mutter, erzähle irgendetwas, das sie gesagt hat und das Lukas dumm findet. Sofort nehme ich meine Mutter in Schutz, bezichtige mich, die Situation missverständlich geschildert zu haben, meine Mutter ist nicht dumm, hat es doch immer nur gut gemeint (was?), kann doch nichts dafür (wofür?), wollte doch immer alles richtig machen. Ich fühle mich getroffen für meine Mutter.

Was ist so schlimm daran, eine Mutter zu haben, die auch einmal etwas Dummes sagt oder tut? Was ist so schlimm daran, eine Mutter zu haben, die mir nicht immer gut getan hat? Es ist nicht die Schuld meiner Mutter, noch ist es meine Schuld. Dies das Schwierige: eine Feststellung ohne Vorwurf zu machen, Ursachen ohne Schuldzuweisungen zu finden. Das ist auch das Unlösbare, wenn ich versuche, mich meinen Eltern zu erklären: Sie fühlen sich stets angegriffen, obwohl ich nur etwas feststellen will. Niemand trägt die Schuld daran, dass ich so bin, wie ich bin. Mir hat mein Elternhaus nicht gut getan. Eine Feststellung. Meine Eltern haben mir – ungewollt, unwissentlich – nicht gut getan. Was ist so schlimm daran, es auszusprechen? Warum muss ich meine Mutter für Nichtigkeiten in Schutz nehmen? Das alte Harmoniegebot. Rücksicht! Vorsicht! Verhinderung jeder klaren Sicht.

Immer registrieren, was ich esse. Ich esse es trotzdem, ich habe auch weniger Angst, aber bei jedem Bissen ist mir bewusst, was ich esse. Wie viel ich esse. Wie viel Fett es hat, wie viele Kohlenhydrate, wie viele Kalorien. Wie es sich zu dem schon vorher von mir verzehrten Essen des Tages hinzuaddiert. Bei jedem Rezept, jeder

Kekspackung, jeder Tütensuppe wandert mein Blick zunächst zu der Nährwerttabelle, findet mit sicherem Instinkt die Fettangabe (meistens an unterster Stelle), registriert, sinniert, kalkuliert. Ich sehne mich nach einer Mahlzeit, bei der ich mich zurücklehnen und essen kann, ohne darüber nachzudenken. Ich sehne mich nach einem Tag, an dessen Ende ich nicht mehr weiß, was und wie viel ich gegessen habe und mich gleichzeitig wohl fühle, rundum zufrieden mit mir und meinem Körper. Wie herrlich wäre ein solcher Tag! Ich wollte nicht einmal viel essen an diesem Tag, ich müsste nicht einmal etwas Besonderes essen. Ich würde einfach nur unbewusst, zwanglos, selbstverständlich essen.

Meine persönliche Vorstellung vom Paradies. Vielleicht muss ein Kleeblatt gar nicht vierblättrig sein, um Glück zu bringen.

Wer weiß, was sie alles zurückstecken müssen, um sich so am Leben zu erhalten? Vielleicht müssen sie furchtbar sparsam mit ihrem Wasserhaushalt sein, um alle vier Blätter versorgen zu können. Vielleicht dümpeln sie ständig am Rande der Ausdürrung, Auszehrung dahin. Vielleicht ist ihnen kalt. Vielleicht leben sie ständig in der Angst, man könne ihnen ein Blatt abreißen, ständig unter dem Druck, sich zu bewahren. Darum dann nicht fähig zu zwanglosem Kontakt mit den umherstehenden Kleeblättern. Und was ist der Dank? Kaum sieht man sie, reißt man sie aus, und dann haben sie vorher noch nicht einmal ein erfülltes Leben gehabt.

Die Vorstellung, ein dreiblättriges Kleeblatt sein zu dürfen, nicht perfekt sein, Ängste, Schwachstellen, Ungereimtheiten, Schwierigkeiten, Fett an meinem Körper, Probleme haben zu dürfen. Was wäre das für ein Leben? Ein so viel entspannteres Leben. Ein glücklicheres Leben?

Der Flaum auf meinen Schultern stört mich plötzlich. Ich möchte nicht mehr aussehen wie eine Bilderbuchvorzeigemagersüchtige.

Es ist schwer, das Gegessene zu genießen. Meist lenke ich mich sofort nach dem Essen ab, meist verrechne ich es auch auf der Stelle, beschwichtige meinen Kopf, *es war doch gar nicht so viel*, meist töte ich es auf irgendeine Weise wieder ab, mit einer Zigarette, mit Kaugummi, mit schwarzem Kaffee. Es macht das Gegessene nicht verschwinden, aber lässt es mir weniger vorkommen. Wenigstens ist der Geschmack dann aus meinem Mund verschwunden. Es ist schwer, mich wohl zu fühlen mit dem, was in meinem Bauch ist.

Ich habe geträumt, ich wäre mit Lukas in einem Fluss schwimmen. Als wir wieder an Land kamen, hatte jemand meine sämtlichen Sachen an verteilten Plätzen vergraben. Jemand, der mich hasste. Ich musste alles wieder zusammensuchen. Bis auf einen der roten Stricksocken (die eigentlich meiner Mutter gehören) habe ich alles gefunden.

Ich halte nicht viel von Traumdeutung. Aber ich muss tatsächlich alle meine Sachen, mein ganzes Leben zusammensuchen. Muss tief vergrabene Dinge suchen, alles ans Tageslicht holen. Und es geht. Ich kann alles finden. Aber ich kann es nur für mich tun. Für meine Mutter kann ich nicht verantwortlich sein.

Das Leben kann wirklich schön sein. Wann habe ich das letzte Mal einfach mit jemandem einen so entspannten Nachmittag verbracht wie hier mit Lukas am Fluss? Wir baden im eiskalten Wasser, und vielleicht ist es für eine Weile wirklich unwichtig, was der Körper dabei an Energie verbraucht und ob wir dann hinterher mehr essen müssen oder ob wir froh sind, wieder ein wenig abgenommen zu haben, vielleicht ist es für den Bruchteil einer Sekunde wirklich gleichgültig, und für diesen Bruchteil bin ich dankbar wie schon lange nicht mehr für irgendetwas.

Dann will Lukas fahren, sieht keinen Sinn mehr, hat keine Lust mehr, glaubt, er schaffe es alleine. Noch bevor es mit uns wirklich angefangen hat, will er gehen, vielleicht fühle ich mich deshalb so alleine, denn damit leugnet er, dass da ein Gefühl ist, aber da ist es, wenn auch noch misstrauisch beäugt von meinem Verstand. Auch er ist nicht gleichgültig, aber genau wie ich ist er vorsichtig. Vorsichtig, sehr vorsichtig gehen wir miteinander aufeinander zu, ziehen uns wieder zurück, sehen uns wieder vor, schrecken uns wieder ab. Dünne Haut über dünnen Knochen macht tatsächlich sehr verletzlich. Ich weiß nicht, was ich will. Oder weiß ich nicht, was ich mich traue?

In mir diese Riesenangst, Verlustangst. Je näher ich jemandem komme, desto mehr fürchte ich ihn letztendlich zu verlieren. Darum rücke ich immer wieder ab. Wenn ich nicht sofort davonlaufe, spreche ich irgendwann den Vorwurf aus, der andere wäre nur aus Mitleid oder Gewohnheit oder Bequemlichkeit an mir interessiert. Dann versichert man mir, dass ich Unrecht habe, was ich nicht glauben kann oder will, denn meine Angst ist größer und ich frage so oft nach Bestätigung, bis ich alle verletzt, alle verschreckt habe, bis alle davonlaufen. Und dann hat sich meine Angst bestätigt, die sagt, dass ich jeden früher oder später verlieren werde, dann nickt diese Angst und sagt, sie habe es ja gesagt, und macht sich noch ein Stückchen breiter.

Vertrauen ist etwas, das ich nicht besitze. Jeder Mensch entwickelt Urvertrauen, mir fehlt es fast vollständig. Sagen die Therapeuten. Schön, das immer wieder erläutert zu bekommen, danke, aber was nützt es mir?

Ich kann nur leben, wenn ich anderen vertraue.

Eine Weile überlegt mein Therapeut, ob ich zwischendurch ein Wochenende bei meinen Eltern verbringen sollte. Als ich es meiner Mutter gegenüber anspreche, versteht sie nicht: Schließlich hätte ich mich doch zu Hause nicht unwohl gefühlt. – Schlag. Diese Worte an jemanden, der das Gefühl hat, sich neunzehn Jahre seines Lebens unwohl gefühlt zu haben. Auf den Kopf. Diese Worte an jemanden, der aus lauter Protest gegen die Mauern, in denen er eingesperrt war, in den Hungerstreik getreten ist. Stille. Ich schlucke und sage, klar, ja klar. Hinterher ist mir kotzübel. Schlucken und ja sagen. Die über allen Zweifel erhabenen Worte bestätigen, die in der Aussageform verschleierten Befehle immer blind ausführen. Wie soll mir da nicht schlecht werden? Wie soll mir da nicht zum Sterben schlecht werden?

Das Wochenende wird nicht stattfinden. Es ist den Aufwand nicht wert. Ich werde sowieso nach meiner Entlassung nur noch ein paar Tage bei meinen Eltern verbringen. Nur zum Packen.

In einem Brief versuche ich mich meinen Eltern zu erklären. Ich muss mich von ihnen befreien, muss sie loswerden, das müssen sie doch verstehen, ich bin voller Furcht anzugreifen, aber ich muss reden, ich ersticke, diese Eltern in mir müssen raus. *Ihr beherrscht mich, ihr besitzt mich, schleichend habt ihr mich okkupiert, es hat lange gedauert, bis ich es gemerkt habe, schleichende Vergiftung, und jetzt ist mir schlecht, aber verzeiht diese Worte, verzeiht.* Ich finde den Brief hart. Ich will meine Eltern nicht verletzen. Und ich will mich auch selbst nicht verletzlich machen. Der Brief gibt etwas von mir preis, das Allerwichtigste: wie es mir geht. Wer weiß, wie es mir geht, kann mich angreifen. Wer weiß, wie es mir geht, ist mir nah. *Ich will euch nicht mehr nah sein.* Mein

Therapeut findet den Brief zahm. Es gäbe noch viel mehr zu sagen. Er steckt ihn für mich ein, ich traue mich nicht.

Gewichtszunahme. Als die Waage das neue Gewicht anzeigt, geht es mir doch zu schnell. So schnell wachse ich nicht mit. Wieder einmal Panik. Katapultiert, unkontrollierbar, nicht beeinflussbar. Der Hunger wird unbezähmbar werden. So weit darf es nicht kommen. So schnell darf es nicht gehen. Ab jetzt wieder langsamer.

Ein englisches Wort, das ich hasse, das ich fast so sehr hasse wie das Wort »mager«: »craving«. Gierige, blindlings fressende Geschöpfe. Mehr, mehr, immer mehr. So will ich nicht werden. Ich brauche Kontrolle, darum beginne ich Essensprotokolle zu führen, sie mit der Stationsschwester durchzusprechen. Darf auch öfter zum Wiegen gehen als die anderen Patienten. Ich muss selbst den Überblick behalten. Ich beginne erneut, meine Essensmengen zu kontrollieren, mich einzuschränken, zu sparen, mir keine Extraportionen mehr zu leisten.

Telefonat mit meiner Mutter, der Brief ist noch nicht angekommen. Das Gespräch macht mich fertig, worum geht es überhaupt? Irgendwann fange ich an zu weinen. Ich kann nicht anders, fühle mich sowieso einsam und unsicher an diesem Tag, und dann auch noch dieses Gespräch. Verständnis: Ich solle ruhig weinen, das müsse auch mal raus. In mir die Wut: Was hat sie für einen Ahnung, was aus mir raus muss? Was hat sie für eine Ahnung, worum es überhaupt geht, wie es mir überhaupt geht? Aber natürlich stimme ich ihr zu. Was immer sie meint, was »mal raus muss«, es wird schon so sein. Nun weine ich auch noch über mich. Schon wieder schaffe ich es nicht, mich zu erklären, schon wieder passe ich mich an, weil immer alles richtig sein muss für meine Mutter, immer und immer und immer. Hass, den ich nicht beherrschen kann, den ich noch nicht einmal aussprechen kann.

Obwohl ich es manchmal eine schöne Vorstellung finde, eine Frau zu sein, bekomme ich Angst, wenn ich weibliche Seiten an mir entdecke. Angst vor einem weiblichen Körper. Angst vor dem Einsetzen meiner Regel. Angst vor weicher Haut. Angst, erwachsen zu werden.

Und die Angst vor dem Essen nimmt erneut zu. Mehrmals täglich Gespräche mit der Schwester. Der einzige Trost: dass nichts endgültig ist. Denn es stimmt nicht, dass ich nie wieder abnehmen kann, und einzig und allein dieser Gedanke hilft mir vielleicht beim Essen. So wie mich früher die Möglichkeit, mich jederzeit umbringen zu können, vom Selbstmord abgehalten hat, bringt mich jetzt die Möglichkeit, wieder aufhören zu können, dazu, mit dem Essen weiterzumachen.

Jeden Tag kann ich neu entscheiden, jeden Tag neu beginnen. Das betrifft alles: Rauchen, Essen, Kontakte, Freundschaften. Jeder Tag ist neu, ein Fehler bleibt nicht für immer ein Fehler. Eine Entscheidung kann wieder rückgängig gemacht oder wieder und wieder bestätigt werden. Eine völlig neue Erkenntnis. Ich, die immer festgelegt war. Durch andere und am Ende durch mich selbst. Die Freiheit lag darin, mich selbst festzulegen, aber was ist das für eine Freiheit? Jeden Tag neu anzufangen, das ist Freiheit. Das Gefühl zu verlieren, gefangen zu sein in mir selbst, in meinen einmal angefangenen Handlungen, in meinen selbst gestrickten Verstrickungen, in meiner nicht selbst gewählten Familie. Mit etwas, in dem ich nicht gefangen bin, kann ich mich leichter abfinden.

Telefoniere mit meinen Eltern beziehungsweise mit meiner Mutter, was auf dasselbe hinausläuft, mein Vater ist stumm. Froh seien sie über den Brief, hätten endlich etwas zum Ansetzen. Reden von Missverständnissen, denn sie haben doch alles gut gemeint. *Ich weiß, ich weiß, ich weiß doch.* Sie wollen sich damit auseinander setzen. Ich habe in diesem Moment keine Lust mehr. Will nur noch meine Ruhe vor ihnen. Bekomme eine Ahnung, dass sie niemals verstehen werden. Missverständnisse. Ich will einfach allein sein. Keine Lust auf Menschen, die mir erzählen, wo Missverständnisse liegen. Die mir sagen, wie froh sie sind, dass ich wieder spreche, dass ich wieder esse, dass es mir wieder »gut geht«.

Das Verliebtsein lässt sich nicht mehr wegschieben, aber ganz traue ich mich noch nicht über das Alte hinaus. Zu lange ist es her, dass ich für jemanden so empfunden habe. Ich habe Angst davor. Und auch Angst um meine Therapie. Wollte, sollte mich hier doch auf mich konzentrieren und auf niemanden sonst. Will doch für mich handeln und nicht für ihn. Will mich nicht wieder an jemanden verlieren, kaum dass ich mich ein bisschen gefunden habe. Aber was immer meine Zweifel sind, als ich Lukas küsse, ist das trotz Furcht stimmig. Meine Gefühle haben meinen Verstand besiegt.

Verrechnet
Habe lange nicht geglaubt
jemals wieder
zulassen zu können
Nähe zulassen
Wärme zulassen
Schwäche zulassen.
Habe mir lange eingeredet

niemals wieder
genießen zu wollen
Essen genießen
Geborgenheit genießen
ein Gegenüber genießen.
Habe lange nicht gewagt
irgendetwas zu fühlen
Angst
Zuneigung
Unsicherheit.
Habe nicht damit gerechnet
dass manche Dinge
schneller gehen als ich
glaube mir einrede normalerweise wage.
Habe nicht mit dir gerechnet.

Jemandem Gefühle zu gestehen ist verdammt schwer. Furcht vor meinem eigenen Empfinden. Gleichzeitig Ausgehungertsein nach Zärtlichkeit. Und wieder Verunsicherung, wie viel davon in Ordnung für mich ist. Lange habe ich niemanden mehr geliebt. Lukas macht es mir leicht, weil er mich ernst nimmt. Vor ihm muss ich mich wenigstens nicht so schrecklich fürchten.
Er schenkt mir seine Kette. Er hat sie seit Jahren nicht abgelegt. Magersuchtsjahre. Sie habe ihn vor dem Tod bewahrt, sagt er. Nun solle sie mich bewahren. Ich weiß noch nicht, dass es genau so kommen wird. Ich werde bewahrt werden, Lukas wird sterben.
Musiktherapie. Ein gleichmäßiger Rhythmus gibt Orientierung, gibt auch einmal die Gelegenheit auszuscheren, stellt einen festen

Boden unter den Füßen her, macht den Tritt sicher, der weiß, dass er dort immer Halt finden kann. Ein normales Essverhalten lässt Platz, um auszuscheren, Platz, um mal ein Eis zu essen und mal gar nichts. Ein sicherer Essrhythmus, ein Mittelmaß bereitet mir Sicherheit, beschert Raum für Flexibilität, weil ich weiß, wohin ich zurückkehren kann.

Ich bekomme einen Brief von meiner Mutter. Seitenlang. Darunter ein paar Zeilen von meinem Vater: Er schließe sich den Reden seiner Vorrednerin an. Kann er nicht einmal einen eigenen Standpunkt haben? Er macht sich schwächer als er ist. Schließt sich an, reagiert, aber wo ist eigentlich er selbst, wo ist eigentlich mein Vater?

Lukas und ich trinken unser erstes Bier seit unendlicher Zeit. Ein Bier ist voller Kalorien. Aber ein Bier macht auch Spaß. Wir kaufen das Bier und bekommen es nicht auf, weil wir nicht daran gedacht haben, dass Bierflaschen einen Flaschenöffner erfordern. Wir gehen zehn Meter und finden einen Flaschenöffner auf dem Boden.

Dann fährt er nach Hause. Lukas, mein Freund (fast kommt es mir komisch vor, dass ich einen Freund habe). Nicht möglich, eine Zukunft für die Beziehung zu sehen, weil wir im »wirklichen« Leben tausend Kilometer auseinander wohnen. Nicht möglich, erst recht nicht, weil er nicht in die Zukunft schauen möchte. Also Abschied nehmen. Aber trotz Abschiedsbeteuerungen wollen wir den Abschied noch nicht endgültig. Er will mich besuchen kommen, noch ein-, zweimal, solange ich in der Klinik bin. Was sind schon zwei Besuche? Besser als nichts.

Aber erst einmal: Lebewohl, und ich darf nicht einmal die Letzte sein, die ihn umarmt, das möchte er nicht, seine Familie holt ihn ab, die sollen mich nicht treffen, ich bin ihm wertvoll, ich soll nicht entwertet werden von ihnen, durch die Bekanntschaft mit ihnen. *Ja, sicher, du bist von deinen Eltern prima losgekommen, du bist weit genug, um entlassen zu werden ...* Also stehe ich hinter einem Pfeiler in der Eingangshalle und sehe ihn verschwinden. Er geht durch die automatische Drehglastür, sein Vater schiebt den Gepäckwagen, dann ist er fort.

Bleibt das Wissen, dass ich mich auf einen Menschen einlassen kann. Wie weh es auch tut, dieses Wissen macht stark. Und es macht mich stolz, diese Woche mit ihm genossen zu haben, obwohl ich wusste, dass die Beziehung nicht von Dauer sein würde. Zuvor habe ich das nicht gekonnt, immer bin ich vor dem Schmerz davongelaufen, der noch nicht eingetreten war, habe schon im Voraus zerstört, was vielleicht zerbrechen könnte, das Glück nicht zugelassen, damit das Unglück nicht wehtut. Dass Schönes auch Schmerzen aufwiegen kann, ist mir neu.

Vielleicht konnte mir niemals warm sein, weil ich die Wärme einfach nicht an mich habe herankommen lassen aus Angst vor der Kälte.

Ich fühle mich einsam, vermisse Lukas. Sehne mich danach, dass jemand merkt, wie es mir geht, dass jemand mir eine Freude macht. Stattdessen mache ich anderen eine Freude. Wenn es jemandem nicht gut geht, bringe ich etwas aus der Stadt mit oder eine Blume von der Wiese, nehme in den Arm, tröste. Ich möchte auch getröstet werden. Manchmal fühle ich mich ganz klein. Kümmerig. Einer der Therapeuten sagt, ich verhalte mich wie ein Kind. Es ärgert mich, weil ich nicht will, dass es wahr ist.

Als mein Zimmernachbar in die Stadt fährt, bringt er mir einen Teddybären mit. Ich freue mich nicht, der Mann ist mir von oben bis unten unsympathisch. Ich falle ihm um den Hals: danke. Wie immer, wie früher – du tust mir nicht gut, aber du tust mir, danke. Erst hinterher fällt mir auf, wie schlecht es mir damit geht. Ich spreche es an. Ich will keinen Teddybären geschenkt bekommen. Nicht von ihm. Aber ich sei doch so traurig gewesen, sagt er, Lukas' Abreise wegen. Ist ein Teddybär Ersatz für einen Freund? Jeder Erwachsene würde sich nicht ernst genommen fühlen, bekäme er ein solches Geschenk nach einer Trennung. Ich will mich ernst genommen fühlen. Dann muss ich mich dementsprechend verhalten. Erwachsen verhalten. Aber wie?

Der Grund, warum ich nicht als Frau behandelt werde, ist, dass ich mich nicht wie eine solche gebe. Und der Grund, warum ich mich nicht als Frau gebe, ist, dass ich mich nicht wie eine Frau fühle. Was macht eine Frau aus?

Ich überlege, suche nach Frauenvorbildern in meiner Umgebung. Da sind keine. Keine fraulichen Frauen. Meine Mutter verhält sich selbst wie ein Kind, sieht aus wie ein kleines Kind, zieht sich an wie eine Jugendliche. Andere Frauen, die ich kenne, sind männerhassende Vollblutemanzen. So will ich auch nicht sein. Sonstige Frauen, die ich toll finde, Musikerinnen, Models, Schauspielerinnen? Kindfrauen allesamt. Ich suche und suche nach Orientierung. Es ist schwer, herauszufinden, wie eine Frau sein kann. Dass es auch etwas Gutes sein kann, eine Frau zu sein. Es hat mich niemals gestört, weiblich zu sein, weil ich wusste, dass ich diese Weiblichkeit nicht leben muss. Weil ich wusste, ich muss nicht so aussehen, muss keine langen Haare haben, keinen runden Körper, keine Röcke tragen. Muss keine Familie gründen, kann Karriere machen, muss nicht kochen und mir nicht den Koffer ins Gepäcknetz heben lassen. Es wird noch lange dauern, bis ich merke, dass es auch Spaß machen kann, eine Frau zu sein, eine richtige Frau, nicht nur eine weibliche Person, die alles Frauliche von sich wegzuhalten weiß. Bis ich merke, dass es schön ist, eine Frau zu sein. Bis ich das Wissen genieße, einen weiblichen Körper zu haben, Kinder bekommen zu können. Noch ist es nicht so. Selbst als ich mit Lukas im Bett lag, hatten sich doch eher zwei Kinder gefunden. Aber ich sehne mich manchmal nach dem, wovor ich doch Angst habe. Einmal schneide ich mich beim Beinerasieren, ohne es zu merken. Als ich mich abtrockne, ist Blut in meinem Handtuch. Im ersten Moment halte ich es für Regelblut. Und trotz aller Angst, trotz aller Alarmglocken, trotz allen innerlichen Geschreis nach Gegenmaßnahmen, nach Kontrolle, merke ich auch, dass ich es auf eine Art vermisse.

Ich habe noch niemals einen Teddybären so gehasst wie den, den ich hier geschenkt bekommen habe. Ich, die ich sonst mit allen Teddybären auf vertrautem Fuße stehe.

Ich nehme zu, obwohl ich nicht viel esse. Es macht mir Angst. Ich esse doch nicht einmal Schokolade.

Ich erlebe diesen Sommer vollständig hier, auch die Sonnenfinsternis. Sitze mit ein paar anderen aus der Klinik auf einer Bank an den Feldern hinter der Klinik. Es wird dämmerig, kalt, windig. Die Blumen schließen sich, Heuschrecken und Vögel verstummen. Einen Augenblick lang könnte die Welt untergehen.

Nach ein paar Minuten ist alles vorbei. Vor uns auf der Wiese öffnen sich die Blumen, das Licht und die Welt der Geräusche kehren zurück. Trotzdem, ich verstehe, dass die Menschen früher an den Weltuntergang geglaubt haben, und auf einmal wird mir bewusst, dass ich es inzwischen bedauern würde, ginge die Welt unter. Spüre, wie sehr ich leben will. Ein völlig neues Gefühl.

Gründe gegen den Weltuntergang

Und wenn die Welt untergeht
dann nicht jetzt
wenn ich gerade im Anflug
auf sie bin
nach langem Aufenthalt
im luftleeren Raum
fern von ihr
fern von dir
fern von mir.
Und wenn die Welt untergeht
dann nicht jetzt
wenn ich noch nicht fertig bin
mit ihr
wenn ich noch nicht abgeschlossen habe
mit mir.
Wenn die Welt untergeht
dann nicht in dem Moment
in dem ich wieder fühle
dass es mir nicht gleichgültig ist
ob die Welt untergeht

Seltsam, zum ersten Mal nicht mehr gleichgültig gegenüber dem
eigenen Weiterleben zu sein.
Ein Tisch für Essgestörte soll eingerichtet werden. Wut, nackte
Wut. Ich will nicht. Ich habe Angst davor. Ich fühle mich ausgeliefert. Wer studiert hat, hat Recht, darf mit mir machen, was
er will, darf bestimmen, wo ich essen soll, was für mich das

Beste ist. Und irgendwo in mir sitzt auch der Stachel, der sagt, wahrscheinlich haben die anderen wirklich Recht, wahrscheinlich wissen die tatsächlich, was für dich richtig ist, du kannst deinen Gefühlen nicht trauen, das solltest du gar nicht erst versuchen, du bist nicht so klug wie die, du weißt nicht so viel, auch nicht über dich. Der alte Stachel, der sich gegen mich selbst richtet. – *Aber mein Gefühl? Kann denn ein Gefühl so falsch sein? – Bisher waren deine Gefühle oft falsch. Hast du dich nicht immer zu dick gefühlt? Was ist damit? Hat dich das nicht fast in den Tod getrieben, dieses Gefühl? Tolles Gefühl. Und du hast tatsächlich noch immer ein Problem mit dem Essen. Leugne das nicht. Du bist eifersüchtig auf jede Magersüchtige. Du hasst sie alle. Du willst als Einzige etwas Besonderes sein. Du trinkst keine richtige Cola. Diätgetränke, trinkt das vielleicht jemand, der ein unkompliziertes Verhältnis zum Essen hat? – Ich weiß, aber dieser Tisch wird mir nichts nützen, ich will mich nicht beim Essen permanent beobachtet fühlen. Ich will selbstständig essen. Ich will selbst bestimmen. Der Tisch würde mich fertig machen. Alles in mir sträubt sich gegen diesen Tisch. – Du sträubst dich nur, weil du Angst hast, weil du nicht einsehen willst, dass du es eigentlich noch nötig hast, weil du nicht mit dir selbst konfrontiert werden willst. Du willst das Essen unter deiner Kontrolle haben. Anders als früher, aber doch genau so. Über alles kannst du die Kontrolle aufgeben, aber darüber nicht. Leugne es doch nicht. Du kannst es doch nicht einmal ertragen, wenn dir jemand anderes auftut. Darum willst du nicht an den Tisch. Du willst nicht, dass du kontrolliert wirst. Und du willst nicht, dass andere weniger essen als du. Du willst sie nicht sehen, die dünnen Mädchen, die genau das noch haben, was du aufgegeben hast. Du willst dich dem Anblick nicht stellen. Du willst dir die Krankheit nicht angucken, denn dann müsstest du zugeben, dass du noch krank bist. Du hast Angst. Du hast berechtigterweise Angst, denn du weißt, dass du noch nicht so weit bist, wie du tust ...*

Ich weiß nicht, was richtig ist. Aber ich wehre mich lange, und ich muss nicht an den Tisch.

Meine Eltern werden für eine Woche zur Familientherapie kommen. Ich fürchte, das, was ich hier aufgebaut habe, im Umgang mit ihnen nicht halten zu können. Je näher die Ankunft rückt, desto nervöser werde ich.

Mein Bruder kommt nicht mit, er ist nicht Teil des Problems, gehört weder für mich noch für meine Eltern zu meiner Magersucht. Er ist schon so lange von zu Hause fort. Im Nachhinein betrachtet wäre es vielleicht gut gewesen, ihn mit einzubeziehen. Seine Zeit kommt später.

Dann sind sie da, wir machen einen Ausflug zusammen, noch hat keine Therapie stattgefunden. Ein netter Tag. Nett nett nett. Ich zweifle immer mehr an den kommenden Therapiesitzungen. Wie soll ich mich jemals verständlich machen? Es scheint ihnen doch alles so klar, alles läuft wie gewohnt, da ist kein Zweifel daran, dass im Grunde schon alles in Ordnung ist, ihre Welt scheint so einfach, nur ich falle heraus. Was soll ich sagen? Alles kann doch auf mich geschoben werden, kann so geschoben werden, dass ich es bin, die nicht passt. Und womit überhaupt anfangen? Dass ich immer ihre nicht ausgesprochenen Erwartungen erfüllen wollte? »Wir hatten diese Erwartungen nicht, also ist es dein Problem.« Dass wir uns niemals gestritten haben? »Worüber hätten wir streiten sollen?« Wie oft ich sie hasse? Werde ich ihnen das sagen können? Und wieso fahre ich dann jetzt hier mit ihnen durch die Lande? Immer noch das Alte. Sie werden nicht verstehen. Und ich werde mich nicht verständlich machen können in dieser geordneten Welt, die nichts erschüttern kann, in der jeder Ausbruch meinerseits nur eine pathologische Abweichung bleibt, nur eine vorübergehende Störung. Diese Ordnung kann man nicht aufbrechen.

Was jedoch gut tut an diesem Tag, ist das Gefühl, ein Zuhause zu haben. Meine Eltern setzen mich vor der Klinik ab, und drinnen ist mein Zuhause. Ich habe eine Tür, die ich hinter mir zumachen kann. Bei uns zu Hause standen immer alle Türen offen. Mein Leben ist nicht das Leben meiner Eltern. Dieses Gefühl, niemals zuvor gehabt, tut unendlich gut. Und es wird ja so bleiben. Ich werde ja nicht zu ihnen zurückkehren. Ich werde meine Sachen packen und ausziehen, und wenn ich zurückkehre, für Familienfeste vielleicht, wird es als Besuch sein. Mein Leben ist nicht mehr dort und mit diesen zwei Menschen. Mit diesem Wissen fühle ich mich frei wie lange nicht. In mein Leben gehen und die Tür hinter mir schließen können. In diesem Moment glaube ich, dass es tatsächlich so einfach geht.

Die erste Sitzung dann ist fürchterlich. Da sitzen wir, drei verwandte Menschen und mein Therapeut, sitzen im selben Raum, am selben Tisch und sind doch meilenweit voneinander entfernt. Meine Eltern sind enttäuscht. Warum ist ihnen niemand dankbar? Sie sind hierher gekommen, wollten die Therapie mit einem kleinen Urlaub verbinden, aber für einen Urlaub gibt die Gegend nicht genug her. Sie sind trotzdem gekommen. Sie hatten erwartet, mehr Zeit mit ihrer Tochter verbringen zu können, aber ich habe selten Zeit und will sie selten mit ihnen teilen. Warum ist ihnen niemand dankbar? Der Therapeut will nicht einmal die Termine so legen, wie es für sie günstig wäre. Sie wollten dies hier schnell und einfach hinter sich bringen und wieder fahren, und das wird ihnen nicht gestattet, nichts läuft nach ihren Wünschen, sie haben sich alles anders vorgestellt. Aber nun sitzen sie hier, und nun wollen sie wenigstens wissen, wie mit mir umzugehen ist. Mit ihrer Tochter. Verstehen nicht, dass es hier nicht nur um mich geht, wollen Ratschläge, Patentrezepte, wollen wissen, was ich essen soll, wollen bestätigt bekommen, dass alles gut werden wird. Erwarten ein Gespräch über die Magersucht, aber nicht über sich. Diesen ganzen Therapeutenhumbug, »Wo wollen Sie sitzen?«, »Wie fühlen Sie sich?«, »Was geht jetzt in Ihnen vor?«, den haben sie nicht nötig. Hat ihre Tochter den nötig? Wieso? Sie ist doch so ein vernünftiges Mädchen. Sie wollen Erklärungen und kein Gespräch, aber da sitzen sie nun und sollen zuhören und dürfen sich nicht einmal verteidigen, denn dann fällt mein Therapeut ihnen ins Wort, versucht, dafür zu sorgen, dass sie nicht sofort abwehren, sich wenigstens anhören, was ich sage. Und ich sitze da, weine und weine und weine und rede von meiner Wut und meinem Hass, von meinem Leiden unter der Pseudoharmonie, von meinem ständigen Michanpassen, von meinem Nicht-zu-Hause-Sein zu Hause, von meinem Schlucken des Wir-haben-uns-alle-lieb trotz dessen Unverdaulichkeit, von meinem Gefühl des Nichtverstandenseins, von allem, was mir überhaupt einfällt, konzeptlos, durcheinander, aber ich öffne mich meinen Eltern wie niemals zuvor. Die sagen nichts. »Was sagen Sie zu dem, was Sie eben von ihrer Tochter gehört haben?« Nach einigem Nachdenken sagt meine Mutter: »Wir sind sehr betroffen.« Wir sind sehr betroffen! Was für ein Satz, was für eine ungemeine Nüchternheit, fast bewundernswert bei genauem Nachdenken,

aber in dem Moment bewundere ich es nicht, in dem Moment
verzweifle ich endgültig. Es ist hoffnungslos. Wir sind sehr betroffen. Und wieso eigentlich »wir«? Einer spricht »wir«. Mein
Vater hat mal wieder keine Stimme. In mir nur noch Hass, es
ist unmöglich, es ist zwecklos, wie soll aus diesem hier jemals
etwas erwachsen? Und mein Vater sagt immer noch nichts, wie
üblich, schließt sich den Reden seiner Vorrednerin an. Schwache
Vorstellung, aber in dem Moment komme ich nicht einmal mehr
mit Ironie weiter, bin nur noch verzweifelt. Und wütend auf mich
selbst: Wie habe ich mich so öffnen können, wenn doch nichts,
nichts zurückkommt, wie habe ich nur so viel von mir preisgeben
können, wie habe ich nur, wie kann ich nur, was habe ich nur
getan? Für immer mich verletzlich gemacht. –
Das war es für heute. Danke. Auf Wiedersehen.
Jetzt will ich nur noch, dass meine Eltern abreisen, sie sollen verschwinden, ich will sie nicht wieder sehen, ich will fort, ich kann
das nicht ertragen. Aber am Abend treffe ich mich mit ihnen, absurd das Ganze, völlig krank, auch von mir, gerade von mir, wir
wahren den Schein, wir werfen unsere Pläne niemals um. Der Plan
war, heute den Abend zusammen zu verbringen, also verbringen
wir den Abend zusammen. Der Plan sagt Milchreis, auch wenn
man auf Nudeln Appetit hat. Der Plan sagt ein Uhr, Mittagessen.
Warum mache ich noch mit, wo bin ich geblieben? »Es geht deiner Mutter nicht gut«, die ersten Worte meines Vaters, als ich zu
ihm ins Auto steige. Voilà, der Vorwurf. Wie konnte ich meiner
Mutter an den Kopf werfen, dass ich sie hasse?! Nun geht es ihr
nicht gut, und ich soll also schuld sein. Natürlich geht es ihr nicht
gut, sie ist ja sehr betroffen. Die sind ja sehr betroffen. Vielleicht
habe ich mich auch deswegen auf dieses Treffen eingelassen, weil

ich mich tatsächlich schuldig fühle, ich habe die Harmonie zerschlagen (hier allerdings überschätze ich meine Macht, vielleicht scheint es einen Moment lang so, aber tatsächlich kann niemand etwas zerschlagen in dieser Festgelegtheit).

Ich bin müde von alldem. Meine Mutter hat Kopfschmerzen und trinkt. Es ist so verfahren. Wäre zu lösen vielleicht mit viel Zeit, aber für die beiden gibt es nichts zu lösen, sie haben ja nichts damit zu tun: Wir haben zwei Kinder, eins ist gesund, eins ist krank, wie soll es da an der Familie liegen? Wer kein Problem sieht, wird auch keines angehen. Wer sich nicht selbst anschauen möchte, wird sich auch nicht verändern. Es kostete zu viel Kraft, hier etwas zu lösen, darum löse ich mich besser von denen, wenn ich überleben will.

Wir verzichten auf die letzte Familientherapiesitzung. Es gibt nichts zu sagen. Eine Eiseskälte ist zwischen uns eingetreten, erst denke ich, ich könne es nicht ertragen, aber es geht irgendwie, schmerzt zwar unheimlich, aber ist auszuhalten. Niemals waren wir in einem solchen Zustand, niemals war unser Verhältnis nicht harmonisch. Der Zustand ist so ungeheuerlich neu, tut auf so unerwartete Weise weh, dass ich fast denke, das alles sei es nicht wert gewesen. Wünsche mir, nicht ausgesprochen zu haben, was ich ausgesprochen habe. Nun ist da diese Distanz zwischen uns, Tretminen überall, eine andere Sprache hier und dort. Sie reisen ab. Hier ist vielleicht die Rebellion, aber ich will sie nicht. Sie tut so weh. Und strengt so an. Momentan eine riesige Entfernung, die jedoch ständig droht wieder zu klein zu werden, ein ewiges Pendeln, ein ewiges Ringen um Distanz und Nähe um vielleicht, vielleicht irgendwann eine Spanne zu finden, die für alle akzeptabel ist.

Darauf kommt es vielleicht an. Immer habe ich versucht, einen festen Punkt zu finden, eine festgesetzte Nähe, unveränderbar, ohne Platz für zeitweilige Entfremdung, für Wut, Liebe, Hass. Dieses Fehlen jeglichen Spielraumes: im Grunde wahnsinnig anstrengend. Gibt vielleicht Sicherheit, Berechenbarkeit, aber ist nur mit Biegen und Brechen zu halten, mit Sich-selbst-Verbiegen und Seine-Gefühle-Brechen, weil es irrelevant ist, was tatsächlich in einem Moment ist. Festgesetztem muss ich nicht nachspüren, darum habe ich keinen Sinn entwickelt für Gefühle gegenüber anderen. Und mit meinen Eltern hier fängt es erst an. Lernen, mir zuzugestehen zu entscheiden, wen ich mag. Freundschaften schließen, in denen ich auch meine Meinung sagen kann, weil es mit einer nichtfixierten Nähe erlaubt ist, eine eigene Meinung zu haben. Wütend sein und es aussprechen dürfen. Sich verlieben und es leben dürfen. Sich zurückziehen und wiederkommen dürfen. Weglaufen und nach Hause kommen dürfen. Und irgendwann werde ich merken, dass es nicht erschreckend ist, was immer schon passiert ist, wovor ich mich immer gefürchtet habe: dass Menschen fortgehen. Es ist nicht erschreckend, weil sie auch wiederkommen können.

Bekomme Heimweh und weiß nicht, wohin. Die Klinik bleibt doch nur ein Zuhause mit absehbarem Ende. Je näher die Entlassung rückt, desto mehr spüre ich, wie wichtig ein echtes Zuhause wäre. Aber wo? Und wie das Alte tatsächlich hinter mir lassen? Meine Eltern rufen an und sagen, sie freuen sich, wenn ich nach Hause komme, und sie haben mich lieb, und ich sage, ich freue mich auch und habe sie auch lieb. Warum? Es stimmt beides nicht. Es ist so schwer, mich dem alten Spiel zu entziehen. Und dies ist nur das Telefon. Wie soll es werden, wenn ich tatsächlich wieder dort bin? Ich brauche dem Wir-haben-dich-lieb ja nicht gleich ein Ich-hasse-euch entgegenzusetzen, aber ein Ich-weiß hätte es doch auch getan, warum immer diese Zugeständnisse, warum immer dieses alte Muster? Nichts darf aus den Fugen sein, meine Eltern müssen glauben, dass alles in Ordnung sei, die Familientherapie war nur ein kleiner Ausrutscher in dem Spiel unter dem Einfluss dieses unsäglichen Therapeuten, aber nun ist alles wieder in Ordnung, alles wieder im Einklang. Es macht mir Angst, ich spiele immer noch so leicht mit, so automatisch.

Und was die Verzweiflung vollständig macht: Ich werde von nun an nur noch Mittelmaß sein. Nichts sein. Ohne Magersucht, ohne Schulnoten, ohne einen Therapeuten, ohne den Stempel auf der Stirn, etwas Besonders zu sein, den Stempel auf jedem einzelnen meiner abgemagerten Knochen, bin ich nur noch nichts.

Aber der Krankheit bin ich auch überdrüssig. Ich habe keine Lust mehr. Keine Lust mehr, Essensprotokolle zu schreiben, keine Lust mehr, mir über das Wiegen Gedanken zu machen, keine Lust mehr, jeden Bissen, jede Bewegung, jedes Herumsitzen, jeden Kalorienverbrauch zu registrieren. Diese Müdigkeit, verursacht durch alles, was andauernd in mir vorgeht, dieses Satthaben des Selbstgemachten und doch nicht Abschaltbaren kommt immer wieder, immer wieder werde ich es satt haben und doch weitermachen, denn ausbrechen, aufhören, das wäre nicht ich.

Lukas kommt zu Besuch, was meine Verzweiflung nicht eben mindert. Er holt mich ab, wir fahren zu ihm, in sein Elternhaus, fast zwei Stunden ist er zu spät, dabei haben wir sowieso nur einen kurzen Tag, zum Abendessen muss ich wieder zurück sein, weiter reicht meine Essensbefreiung nicht. Ich treffe seine Eltern, die ihn hinterher fragen werden, ob ich auch so krank sei wie er.

Er macht mir Cappuccino, sein Vater steht daneben. Der Vater ist mir suspekt, zu viel weiß ich von ihm aus Lukas' Erzählungen, jedem seiner Worte misstraue ich, weil es Lukas wehtun kann, und nun schaut dieser Vater auf Lukas beim Cappuccinomachen und fragt: »Na, kann er das denn auch?!«, und ich muss irgendetwas sagen, Misstrauen oder nicht, wie sich hier verhalten, den Vater nicht angreifen, Lukas' Vater immerhin. »Na, ich denke schon!«, sage ich also, neutraler Boden, und schaue dabei Lukas so freundlich zu, wie ich nur kann. Und dann kommt der Satz, dieser Satz, der mir schlagartig klar macht, dass hier zu atmen nicht einfach ist, dass Lukas vielleicht Recht hat mit dem, was er sagt. »Na, wenigstens etwas kann er«, lautet der Satz, und ich sage nichts mehr, hierzu kann ich nichts sagen, ich stehe da und mein Freund macht Cappuccino mit Milchschaum aus entrahmter Milch, 0,3 Prozent Fett, mit Süßstoff gesüßter Milchschaum, preist seine Erfindung des süßen Milchschaums, und ich stehe da und denke, dass dasselbe auch mit Zucker ginge und mit anderer Milch und dass sich nichts geändert hat und sich hier auch nichts ändern wird und dass vor allem Lukas nichts geändert hat, und später gehen wir spazieren, und er sagt, dass ich mich gut geschlagen hätte in der Küche mit seinem Vater, und ansonsten erzählt er, was ich sowieso schon weiß, seit ich ihn aus dem Auto habe steigen sehen: dass er gelogen hat mit der Behauptung am Telefon, er habe zugenommen, dass er stattdessen abgenommen hat. Und er sagt mir, dass ich gut aussehe, und ich glaube es ihm sogar, und ich glaube weiter, dass er es auch schaffen kann, aber er selbst scheint es nicht mehr zu glauben, das ist nicht seine Welt, andere Magersüchtige können zunehmen und wieder gut aussehen, aber er gehört nicht dazu. Trotzdem optimistische Sprüche, er wird es schaffen, ich beginne aufzuhören, ihm zu glauben, obwohl ich es gerne möchte, obwohl ich mir wünsche, es wäre wahr, was er sagt. Er will mit mir zusammenziehen, das ist das Nächste, was er sagt, und vielleicht wäre das ein Weg, ihm zu helfen, aber das kann ich nicht, ich will nicht seinetwegen hier in Bayern bleiben, und ich werde niemals mit ihm zusammen wohnen, mit ihm zusammen essen können. Und er wird hier nicht weggehen, um mit mir zu kommen. Gehen wäre vielleicht seine Rettung, aber zu viele Hindernisse findet er, findet er krampfhaft, um nicht gehen zu müssen, denn eigentlich will er nicht gehen, eigentlich hat er Angst, Angst, die er nicht zugibt, alle blödsinnig weit hergeholten Gründe sind besser, als zu sagen, dass er Angst hat vor dem Gehen, vor dem Leben.

Ich kann ihm nicht helfen. Mir hat sich die Welt, zu der er nicht gehört, ein Stück weit aufgetan, ich möchte ihn mitziehen, bei der Hand greifen, mit hinüberziehen in diese Welt, aber ihn halten zu viele irrsinnige Gründe. Magersuchtsgründe.

Und dann muss ich zurück in die Klinik, also wieder ins Auto, fast komme ich zu spät zum Abendbrot, worüber er sich unheimliche Sorgen macht. Als ich zum Speisesaal hinauflaufe, bin ich so froh, wieder zurück zu sein.

Langsam sehe ich: Ob ich ein Brötchen esse oder zwei oder eine Tafel Schokolade, es ändert nichts an meinen Eltern oder an Lukas oder an irgendetwas. Wenn ich mich schlecht behandle, macht das nichts in der Welt besser. Wenn ich mir etwas Gutes tue, vielleicht doch.

Und ich merke: Mein Körper kehrt zurück. Die einzelnen Teile sind nicht mehr so weit entfernt. Ich fühle mich wieder ein bisschen mehr wie ein Ganzes. Meine Stelzen werden immer kürzer. Immer näher rückt mein Körper zu mir.

Ich mache es. Ich mache das, von dem ich niemals gedacht hätte, dass ich es je wieder machen würde. So lange nicht getan, dass es sich anfühlt, als wäre es das allererste Mal: in die Stadt gehen und ein Eis essen. Ganz alleine zum Eiscafé. Hineingehen. Setzen. Bestellen. Ganz ruhig bleiben. Angst. Drei Kugeln mit Sahne. Es wird nicht einmal ein perfektes Eis, denn meine Lieblingssorten gibt es nicht. Ich werde es trotzdem essen, imperfektes Eis. Mokka, Apfel-Joghurt, Tropica. Der Kellner kommt noch einmal zurück, er hat vergessen, ob es mit Sahne sein sollte. Noch kann ich also halb zurück, kann wenigstens sagen, nein, ohne Sahne, aber sage, ja, mit Sahne, bekomme Angst, altbekannte unglaubliche Angst, wie kann ich nur? Ich kann das doch jetzt nicht essen, ich kann nicht. Ich habe nicht einmal vorher Mahlzeiten eingespart für dieses Eis und es ist absolut nicht notwendig … –

Ich bleibe sitzen – *bleib jetzt ruhig, ruhig, verdammt noch mal, ruhig –,* bekomme mein Eis, fange an zu essen.

Und es schmeckt. Und ich kann es essen. Und ich sterbe nicht, und der Boden tut sich nicht unter mir auf, ich springe ins Wasser und merke, dass ich schwimmen kann, mein Löffel taucht ins Eis und ich merke, dass ich essen kann, und hinterher bin ich unglaublich stolz, und ich nehme die Serviette aus dem Eiscafé mit und klebe sie in mein Tagebuch, und der Kellner bekommt ein Trinkgeld, und ich schaffe es sogar noch, Abendbrot zu essen. Heute Abend bin ich siegreich, niemand weiß es, ich habe für mich gegessen und für niemanden sonst, ich wollte niemandem beweisen, dass ich es schaffen kann, außer mir selbst, und ich habe es mir bewiesen.

Aber wie leicht schwindet dieses Hochgefühl wieder: Eine andere Patientin sagt zu mir, zu viel solle ich doch auch nicht zunehmen, ich sähe doch so gut aus ... – Meine ganze Motivation schwindet in einem Moment. Ich bin dick. Alles Empfinden, auf dem richtigen Weg zu sein, bricht sofort zusammen, wenn ich jetzt schon normal aussehe, wo soll das Ganze dann hinführen, was soll ich davon halten. Gut aussehen ist dick aussehen ist normal aussehen ist nicht zu ertragen. All diese gut gemeinten Worte, auch von den Leuten an meinem Tisch, ich würde ja richtig zuschlagen, ich sähe ja richtig rosig aus, ich will sie nicht hören. Eigentlich sind sie froh, dass ich endlich ein bisschen besser aussehe, eigentlich sind ihre Worte als Komplimente gemeint, das weiß ich, aber sie verunsichern nur. *Haltet den Mund!* Ich selbst habe kein Gefühl dafür, was sich gut anfühlt, was zu mir passt, welche Größe, welches Gewicht. Immer nur Maßstäbe von außen. Der Wichtigste: Maximum ist ein Kilo unter dem Gewicht meiner Mutter, so viel wäre in Ordnung, alles Weitere nicht. Orientierung am anderen. Absurd, ich bin sehr viel größer als meine Mutter und meine Mutter ein kleiner dürrer Vogel. Aber unvorstellbar, mehr als meine Mutter zu wiegen. Dann wäre ich tatsächlich richtig fett.

Über andere Komplimente kann ich mich freuen. Ein Pfleger, der mir sagt, dass ich immer schöner werde. Ein Mitpatient, der behauptet, ich hätte ein schönes Gesicht. Das kann ich annehmen, das ist neutral. Aber sagt nichts über mein Gewicht, sagt um Himmels willen nichts über mein Gewicht.

Ich will die Beziehung beenden. Ich bin nicht stark genug, um Lukas mitzuschleppen. Ich bin nicht kräftig genug, jemanden nur an mich anlehnen zu lassen, ich brauche genug Kraft, um mich selbst weiter zu tragen, genug Mut für mein neues Leben, kann nicht für zwei die doppelte Kraft aufbringen.

So ziehe ich einen Schlussstrich, fahre zu Lukas, mein Tischnachbar nimmt mich mit, als er einen Ausflug macht.

Wir machen eine Bergwanderung, viel zu anstrengend für ihn eigentlich, aber sein Vorschlag. Kalorien verbrauchen. Auch für mich ist die Wanderung zu anstrengend, noch habe ich nicht genug Körper, noch vor ein paar Wochen konnte ich nur mühsam eine Treppe hochsteigen. Er merkt es, entschuldigt sich hinterher, sagt, er hoffe, ich habe jetzt nicht so viel abgenommen, er hoffe, er habe nicht meinen Essensplan, meinen Zunahmeplan gestört.

Ich bin in Ordnung, möchte ich schreien, ich gehe heute Abend in den Speisesaal, essen, ich kann es mir wieder holen, aber was ist mit dir, du hast doch nichts geändert, du isst doch nichts bei deinen Eltern, du bist doch immer noch drin, immer tiefer drin, warum machst du dir Sorgen um mich und nicht um dich? Ich möchte herausschreien, dass ich ihn verdammt noch mal durchschaut habe, dass er mir nichts vormachen soll, dass ich weiß, dass all sein Gerede von Zunahmeplänen nur aus Büchern stammt, nur in seinem Kopf ist, dass nichts davon für ihn selbst zutrifft, dass er das weiß, dass ich das weiß, aber ich schweige.

Ansonsten stimmt er allen meinen Gründen zu, ist vernünftig, sieht auch keinen Sinn in einer Fernbeziehung, tatsächlich ist er feige, ist er vielleicht schon ganz woanders, weiß er vielleicht schon, was kommt. Natürlich bleibt es dann doch nicht dabei, wir küssen uns, er fängt fast an zu weinen und dann schwingt er sich auf sein Fahrrad und fährt furchtbar schnell fort, und ich stehe auf einem verdammten Parkplatz und warte auf meinen Tischnachbarn, der mich wieder einsammeln und in die Klinik bringen wird, und alles tut weh. Aber auf dem Rückweg halten wir an und trinken ein Bier, irgendwo auf der Veranda eines Rasthauses am Straßenrand, und es wird langsam abendkühl, und ich atme und fühle auf einmal wieder, dass ich noch lebe. Immer wieder neues Leben, obwohl ich soeben eine Beziehung beendet habe.

Am letzten Tag in der Klinik schreie ich das erste Mal in meinem Leben jemanden an. Mein Zimmernachbar will noch einmal mit mir über diese Teddy-Geschichte reden. Ich solle doch einmal an seine Gefühle denken. Er ist so widerwärtig, er kommt mir immer näher, ich kann es nicht ertragen, angefasst zu werden, nicht von ihm, nicht nicht. »Nicht anfassen!«, bringe ich schließlich mühsam hervor. Manchmal ist jede Hand auf der Schulter zu viel. Er weicht beleidigt ein Stück zurück, aber nur ein Stück, ich sage, ich wolle mir genau das abgewöhnen, was er von mir verlangt. Immer an die Gefühle anderer denken. Das solle ich aber, er sagt mir, das solle ich aber. In mir steigt der Hass hoch, die Wut, er weiß nicht, wie viel Wut in mir steckt, immer soll ich bedenken, wie andere sich fühlen, interessiert denn jemanden, wie ich mich fühle, ich will nicht mehr, nicht noch einen Tag länger. Und darum schreie ich los, ich habe es satt, schreie, dass ich es satt habe. Will mich nicht mehr um die Gefühle anderer Leute kümmern, wenn es auf Kosten meiner eigenen geht. Immer die anderen, ich bin voll davon, ich habe keine Lust mehr: »Ich will nicht!« Ich will nicht, ich will nicht. Er geht weg, was soll er auch tun, er versteht nicht.

Später begegne ich ihm noch einmal und er fängt noch einmal an, es ist auch sein letzter Tag und er wolle nicht, dass irgendetwas zwischen uns stehe. Scheißharmonie-Menschen, ich habe sie satt. Ich habe für immer genug von ihnen. Und sage, es sei mir scheißegal, was zwischen uns stehe, und da geht er, schaut mich an wie eine, der nicht mehr zu helfen ist, und ich bin froh, dass ich mir geholfen habe.

Der Morgen der Abreise, alles scheint erst halbfertig, aber der Rest des Weges liegt draußen.

Abschied von meinem Therapeuten. Ein fragender Blick, dann umarmen wir uns.

Und ich gehe den Gang entlang, den ich so oft gegangen bin, die Treppe hinunter, am Speisesaal vorbei, in mein Zimmer, meine Sachen holen. Abschied. Vorbei.

Dreh dich um
Dreh dich um
Dreh dein Kreuz in den Sturm
Wirst dich versöhnen, wirst gewähren,
selbst befreien für den Weg zum Meer.
Herbert Grönemeyer

Wer bin ich? Anorexia nervosa, partielle Remission.

Dann sitze ich im Zug, wieder eine Tagesreise, diesmal in die andere Richtung, ich bin glücklich über diesen Tag, den ich habe, um zurückzukehren. In der Welt außerhalb der Klinik ist eine andere Zeit vergangen, vor den Fenstern ziehen die braunherbstlichen Felder vorbei, erntereif. Der Sommer ist vorbei, die Blätter an den Bäumen beginnen sich zu verfärben, und ich komme mir vor, wie in eine fremde Welt gefallen, gerade erst angekommen.

Ich kaufe Reiseproviant, unternehme diese Fahrt nicht noch einmal ohne Nahrung. Sitze im Zug in neuen Anziehsachen, mit Lukas zusammen eingekauft, fahre Richtung Norden, Richtung Meer. Die Menschen um mich herum wissen nicht, wie ich mich fühle, gerade zurückgekehrt ins Leben, eingekehrt ins Leben mitten unter ihnen. Sie können nicht sehen, was für ein besonderer Tag heute ist, sehen auch nicht, was für eine neue Welt diese ist. Vielleicht sehen sie ein Mädchen, das viel zu dünn ist – immer noch bin ich untergewichtig –, vielleicht wundern sie sich über dieses Mädchen, machen sich Gedanken über die vielen dünnen Mädchen überall, die Essstörungen, die überhand nehmen. Sie sehen nicht, dass dieses Mädchen ihren Körper ganz anders ausfüllt als noch vor ein paar Wochen. Sie sehen nicht, dass dort, wo das Mädchen aufhört, die Welt anfängt, dass im Moment nichts es mehr von ihr trennt.

Ich schaue aus dem Fenster, es ist ein merkwürdiges Gefühl, plötzlich in dieser andersartigen Welt zu sein. Ich bewege mich vorsichtig, weil ich diese Welt noch nicht kenne, es ist eine Welt, in der ich irgendwo zu Hause bin, und das ist neu.

Jetzt kommt alles, was bisher nur Zukunft war, tatsächlich auf mich zu, und ich bekomme Angst. Kann ich das? Kann ich tatsächlich leben? Ich kann, ich will mich nicht mehr zurückziehen auf das, woran ich mich immer festgeklammert habe, ich will mich nicht mehr zurückziehen auf das Nichtessen. Das darf ich bloß nicht vergessen. Nicht vergessen, dass es nicht gut tun kann, mich auf eine Verneinung zurückzuziehen.

Als ich am Ende des Tages aus dem Zug steige, stehen meine Eltern mit Finja, der einzigen meiner Schulfreundinnen, die noch übrig geblieben ist, auf dem Bahnsteig. Ich habe Finja eingeladen, so muss ich nicht sofort allein sein mit meinen Eltern. Und wir fahren in mein Elternhaus, trinken Sekt und essen Pizza, und ich bin froh, dass ich bald ausziehen kann, denn hier ist das Essen plötzlich nicht mehr leicht, ich fühle mich beobachtet, soll ich viel essen, damit meine Eltern sich freuen, oder wenig, damit sie sich nicht zu sehr freuen? Merke von einem Moment auf den anderen überhaupt nicht mehr, wie viel ich eigentlich essen *mag*.

Ich treffe Julie, zusammen mit ihrer neuen Freundin, und fühle mich ausgeschlossen. In der Klinik war ich noch wichtig, hat Julie häufig angerufen, nun bin ich ihr ein Stück weit gleichgültiger. Noch immer sei ich sehr dünn, sagt Julie zu mir. Wie ein Vorwurf kommt es bei mir an, wird denn gar nicht anerkannt, was ich erreicht habe? Auf einmal scheint ein Haltepunkt verloren – Julie! – und ich versuche mühsam, mich zu erinnern, dass ich alles, was ich tue, für mich tue.

Und jetzt möchte ich so bleiben, wie ich bin, stehen bleiben, ich sehe doch gut aus, warum weiter zunehmen? Noch immer liegt mein Gewicht deutlich unter dem Normalgewicht, noch immer sehe ich aus wie ein großes dünnes, immerhin nicht mehr blasses Gespenst. Als ich an den Strand fahre, frage ich mich, was die Leute wohl denken. Wahrscheinlich finden sie mich dünn, dabei bin ich doch schon wieder so dick.

Ich lasse mich doch wieder in alte Familiengewohnheiten hineinziehen. Abends vor dem Fernseher sitzen. Hinterher die Frage, ob ich mich schon ein bisschen eingelebt hätte zu Hause. Es ist nicht mehr mein Zuhause und ich will mich nicht einleben, aber je länger ich hier bin, desto schwerer fällt es mir, mich daran zu erinnern. Einfach nachzugeben wäre so einfach. Alle wären glücklich. Alle wären zufrieden mit mir. Ich nicht, aber was macht das schon. Nicht daran denken, nicht der Versuchung nachgeben. Ich will gar nicht mit meiner Mutter reden, ziehe mich zurück, ehe sie mir nahe kommen kann.

Keine Lust auf Nähe von ihr, keine Lust auf Zugeständnisse, keinen Bock, irgendetwas herauszulassen, irgendetwas zu verlieren, irgendetwas preiszugeben. Keine Lust auf Trost von ihr.

Es wird Zeit, dass ich aus diesem Haus herauskomme. Ich bin nur ein paar Tage hier, aber die reichen, um mich wieder spürbar zurückzuwerfen.

Immer wieder muss ich mir sagen, dass es richtig ist, zuzunehmen, dass es das ist, was ich will, dass es kein Luxus ist, Zucker in den Tee zu tun. Erst einige Tage bin ich aus der Klinik heraus, und es fällt mir schon wieder verdammt schwer. Ich fürchte mich wieder, auch vor dem Umzug nach Husum, wo ich mein Freiwilliges Ökologisches Jahr verbringen werde. Davor mit meinen WG-Partnern die Küche teilen zu müssen, vielleicht beobachtet zu werden, nach Indizien für meine Essstörung abgesucht zu werden. Fürchte, dass die anderen mich komisch finden werden. Fühle mich ins Leben geschmissen, ohne bereit zu sein, und die Klinik ist so weit weg. Plötzlich ist alles anders, plötzlich ist alles Realität, und darum nicht zu bewältigen.

Ich brauche weiter Therapie, merke selbst, wie ich wieder ins Schleudern gerate, komme allein nicht zurecht. Aus Angst, wieder in Kontrolle zu verfallen, esse ich manchmal absichtlich Dinge durcheinander und fühle mich hinterher schlecht. Lasse mich selbst nicht zur Ruhe kommen, mache mir permanent, rund um die Uhr, unablässig Gedanken um mein Essverhalten. Dazu meine Familie, in der alle erwarten, dass es mir gut geht, denn jetzt bin ich ja geheilt, hätten sie ein bisschen besser zugehört, wüssten sie, dass es so schnell nicht geht, aber egal, sie haben nicht zugehört. Wenn ich zeigen würde, dass es mir schlecht geht, würden sie sich Sorgen machen. Na und? Nichts ist mit Na-und, es ist mir nicht mehr egal, ich tue wieder etwas, bin wieder etwas für die anderen. Etwas anderes ist sowieso kaum möglich: »Dir geht's gut, oder? Sieht man!« Weil ich ein Stück Kuchen esse? Keine Zeit für Widerspruch, kein Raum für Einwände. Ich will nicht mehr, ich kann nicht mehr, aber es wird immer schwieriger, wieder beginne ich zu ertrinken, kann nicht frei atmen, kann nicht loskommen. Und ständig werde ich beobachtet. Jedes Stück Torte wird – sogar von meinem Bruder, der auch gerade zu Hause ist – registriert. Ich habe es satt. Wie einfach wäre jetzt das Essen in der Klinik.

Die Stimmung im Haus kommt nicht über eine kühle Reserviertheit hinaus, mein Vater bietet mir an, mir beim Umzug zu helfen, aber ich will auf keinen Fall, dass er mich fährt, mein Bruder soll mich fahren. Ich packe meine Habe in Kartons, nehme meine Bilder von der Wand und bin erleichtert.

Am Morgen vor meinem Umzug erreiche ich meine persönlich gesetzte Höchstmarke. Ein Kilo unter dem Gewicht meiner Mutter. Bis hierhin und nicht weiter. Mehr darf ich nicht wiegen, dann hätte ich verloren, dann wäre ich nicht mehr sicher, dann wäre ich die Unterlegene in diesem Machtkampf. Anders als im Kampf kann ich meiner Mutter gar nicht gegenübertreten, auch wenn sie nichts von dem Kampf weiß. Nun ist das hemmungslose Essen vorbei (wenn es jemals hemmungslos war). Die Angst vor dem Zunehmen ist genauso groß, wenn nicht größer, wie die Angst vor einem Zurück in die Magersucht. Erst ist es ungewohnt, wieder steuern zu wollen, aber sehr schnell auch wieder beruhigend. Beunruhigend schnell beunruhigend beruhigend.

Dann der Umzug. Verfolgungswahn. Ich denke, jeder im Büro mustere erst einmal meine Beine (denke, alle Menschen tun das, an den Beinen kann man am besten sehen, ob jemand magersüchtig ist, dünn sind viele Frauen, aber an den Beinen kann man Dünnheit meist von Magersucht unterscheiden, ich schaue immer zuerst auf die Beine, dass andere Leute überhaupt nicht auf die Idee kommen, überhaupt nicht wissen, wo sie schauen müssten, kommt mir nicht in den Sinn). Ich denke, nun muss ich besonders gut sein, muss wettmachen, dass ich zu spät anfange, dass ich diese Stelle trotzdem bekommen habe. Habe Angst, mir eine Stunde in der Woche freizunehmen, um zur Therapie zu gehen. Die Leute werden mich für ein Psychowrack halten: Wir dachten, du wärst gesund ... Alles nur in meinem Kopf, aber es lässt mich nicht unbefangen sein. Auch das gemeinsame Wohnen ist schwer. Der Wunsch, dazuzugehören, kämpft mit der Besorgnis, sich dafür verbiegen zu müssen. So lange war das doch der einzige Weg, mit anderen zusammen zu sein.

Ich hätte in der Klinik bleiben sollen.

Ich bin wieder gefangen. Alles fällt schwer. Abends warm essen ist furchtbar, esse ich doch dann trotzdem mittags mehr, als ich abends essen würde, äße ich mittags warm. Verbraucht die Büroarbeit so viele Kalorien, dass das gerechtfertigt wäre? Mathematik. Ich bin wütend auf Lukas, all seine Rechnungen kommen nicht hin. Am liebsten würde ich wieder ein paar Kilos weghungern. Dann ginge es mir besser, dann wäre alles einfacher.

Die Therapeuten haben Wartezeiten, die es mir unmöglich machen, hier, wo ich nur ein Jahr wohnen werde, einen Platz zu bekommen. Es lässt mich verzweifeln. Ich brauche jetzt jemanden, nicht erst in ein paar Monaten.

Ich rufe Lukas an. Ihm geht es selbst nicht gut, das höre ich, aber er nimmt sich Zeit, hört mir zu. Sagt mir, dass mein erreichtes Gewicht lächerlich sei. Ich solle mir nur einmal vorstellen, mir mein ganzes Leben lang Gedanken übers Essen zu machen, um immer etwas Besonderes zu sein, um immer weniger zu wiegen als alle anderen, wäre das nicht die Vorstellung von Hölle, die mächtig genug ist, jede Angst vor dem Essen zu vertreiben? Ratschläge, die nichts helfen, das weiß im Grunde auch er, schon für ihn selbst, der sie ausspricht, gelten sie nicht. Und ich glaube ihm auch nicht: Mein Gewicht ist nicht lächerlich. Außerdem höre ich heraus, dass dieses Gewicht für ihn momentan der helle Wahnsinn ist, und hoffe, seines bewegt sich nicht unter 50 Kilo, was es aber wahrscheinlich tut. *Nicht fragen, bloß nicht fragen.* Ich habe Angst um ihn, weil ich merke, dass er sich damit abgefunden hat, sein ganzes Leben lang diese Krankheit zu kultivieren. Was das weiter bedeutet, traue ich mich nicht zu denken, kann nichts für ihn tun. Und im Moment geht es um mich, und so hohl sich seine Ratschläge auch anhören, weil er selbst sie am wenigsten befolgt, hilft es mir zumindest ein bisschen, mit ihm zu reden. Dafür bleibt Angst um ihn zurück, als ich den Hörer auflege. Auf einmal vermisse ich ihn. Wünschte, er könnte herkommen. Wünschte, ich könnte ihn da wegholen.

Hoffe, mich wenigstens selbst herausholen zu können.

Als ich mit meiner Mutter telefoniere und andeute, dass ich einen Therapeuten suche, dass es ohne nicht ginge, ist sie total entsetzt. »Was meinst du damit?« Meine Mutter, die möchte, dass alles immer geklärt, alles immer abgehakt ist, versteht nicht, dass es Dinge gibt, die sich hinziehen, dass diese Krankheit so sehr mit mir verwachsen ist, dass ich sie nicht in einem Sommer loswerden kann, dass ich niemals so werden kann, als wären die letzten Jahre nicht gewesen. Nun kann sie wieder schlaflose Nächte haben, an denen ich schuld bin.

Ein Gefühl des Versagens, weil ich nichts, was ich tue, voll durchziehen kann. Schaffe es nicht, das Essen zu genießen, normale Mengen zu essen, aber schaffe es auch nicht – oder noch nicht wieder? – zu hungern. Ich bin mittelmäßig und darum schlecht. Sehe andauernd Leute, die dünner dünner dünner sind als ich, andauernd Leute, die weniger essen. Was bin ich noch wert, nun, da ich esse? Nichts ist mehr perfekt.

Angezogen finde ich mich noch einigermaßen schön. Nackt niemals. Alles viel zu dick.

Ich kann nicht mehr schlafen, kleine fiese Gedanken machen meinen Kopf zur Hölle, völlig übermüdet schleppe ich mich durch die Tage.

Aber letztendlich finde ich immerhin einen Therapeuten. Gehe einfach hin, die Treppe hinauf, stehe vor seiner Tür, die zu ist, warte, bis ein Mann herauskommt. Sein Feierabend. »Wollten Sie zu mir?« Verdammt, ja, ich wollte zu ihm, ich habe es satt, überall anzurufen und vertröstet zu werden, ich brauche jetzt einen Therapeuten, jetzt jetzt jetzt. Er seufzt und öffnet die Tür wieder. Schaufelt einen Platz in seinem Terminplan frei. Nach zahlreichen Telefonaten endlich ein Mensch aus Fleisch und Blut, der sagt, jeden Montag um fünf.

Dann wieder ist das Leben so einfach. Als ginge ein Riss durch mich, der mich in zwei Personen teilt, eine verzweifelte, dunkle, zerrissene Gestalt und eine helle, entspannte, für alles Neue bereite. Als die helle sitze ich tagsüber im Büro oder arbeite draußen am Deich mit, gehe abends aus, trinke viel, flirte, spiele Elektrodart und wache morgens verkatert auf. Für diese Person spielt es keine Rolle, ob ich voll leistungsfähig bin – keine Zensuren, keine Prüfungen, nichts, was mich unter Druck setzt. Als die dunkle Person habe ich dagegen den Wunsch, mir etwas anzutun, wenn ich zu viel gegessen habe, wenn ich zu fett gegessen habe, wenn ich zu spät gegessen habe. Letztendlich bin ich jedes Mal zu feige. Kratze nur ein bisschen mit stumpfen Messern an der Haut herum, es blutet nicht einmal. Ich weiß nicht, wofür ich mich mehr verachte, für das Nicht-angstlos-essen-Können und das Kratzen oder dafür, dass ich mich nicht traue, richtig zuzuschneiden. Ich esse wahnsinnig durcheinander, mal herrscht die Angst vor dem Rückfall, mal die Angst vor dem Fett. Ich selbst herrsche nie, bestimme hier nichts.

Nur durch Ausprobieren könnte ich das richtige Maß finden. Nur wenn ich mich einmal überäße und merkte, dass es sich nicht gut anfühlt. Nur wenn ich einmal wieder richtigen Hunger hätte und merkte, dass es sich nicht gut anfühlt. Nur so könnte ich lernen, wann ich überhaupt Hunger habe. Keine Richtlinie von außen kann mir das sagen. Ich hätte lieber Richtlinien. Dann wäre ich nicht verantwortlich. So laufe ich vor der Verantwortung davon, bin nie richtig satt und nie richtig hungrig. Esse andauernd, aber selten etwas Nahrhaftes, habe einen vollen Magen, aber bin nicht zufrieden, fühle mich hässlich und dick, aber wiege zu wenig.

Meine Krankheit lenkt die ganze Familie von sämtlichen anderen Konflikten ab. Aufmerksamkeit auf meine Person, damit sich die anderen nicht mit sich selbst beschäftigen müssen. Die brauchen ein krankes Kind. Familienmechanismen. Manchmal habe ich es satt, immer nur zu verstehen. Was nützen mir die ganzen Einsichten? Sämtliche von meinen Therapeuten aufgedeckten Familienmechanismen, was nützen sie mir? Ich möchte essen können. Ich möchte einfach nur essen können wie jeder andere Mensch auch.

Träume ekligste Sachen.

Ich habe bei Nachbarn im Keller gewohnt, weil ich es zu Hause nicht mehr ausgehalten habe. Dann war ich wieder zu Hause und habe meiner Mutter meine Füße gezeigt. Die waren total ekelhaft. Übersät mit Warzen, und den einen konnte man aufklappen, und innen war auch alles voller Warzen und dazwischen waren schon Sachen eingewachsen, Fusseln von meiner Strickjacke und Tannennadeln. Das haben sie und ich erst einmal rausgepult, total befreiendes Gefühl. Dann hat sie das ganze Zeug gewogen: 64 Gramm. Ich dachte noch, dass ich deswegen so viel gewogen hätte, und fand das alles recht krankhaft, aber sie meinte, ich solle es nicht überbewerten und jetzt nicht dauernd damit zum Arzt rennen und so weiter und so fort. Dann habe ich überlegt, ob ich ein Fußbad nehme, um das einmal ganz sauber zu bekommen, aber habe mich zu sehr vor mir selbst geekelt.

Das ist das am häufigsten wiederkehrende Muster, ich ekle mich in meinen Träumen vor mir selbst. Dann wache ich schweißgebadet auf, unfähig zu vergessen. Ich kenne dieses Gefühl von Ekel so gut. Dasselbe Gefühl, wenn meine Oberschenkel sich berühren. Wenige Dinge, die ich ekelhafter finde.

Ich telefoniere mit Lukas. Es geht ihm schlecht. Viel schlechter wieder. Manchmal habe ich Angst, dass er stirbt.

Eine Woche später kommt er tatsächlich ins Krankenhaus, Infusion, danach in eine Klinik, in der ich ihn nicht mehr erreichen kann. Kontaktsperre. Ich versuche, die Gedanken an ihn so weit wie möglich fortzuhalten. Ich muss mein Leben führen, kann ihm nicht helfen. Aber die Sorgen lassen sich nicht abschalten.

Die Unbefangenheit beim Essen ist völlig verschwunden. Ich versuche, wieder alles am Essen zu kontrollieren, wenn es auch nicht immer gelingt, wenn ich auch mehr esse als früher. Mitte. Dieses verdammte Eingeklemmtsein in der Mitte. Wenn ich über Magersüchtige lese, bin ich wieder genau dort. Das ist meine Welt. Als ich aus der Klinik herauskam, hätte ich gesagt: »Ich war einmal magersüchtig.« Nun scheint die Vergangenheitsform nicht mehr angemessen. Ich bin wieder, wenn auch vielleicht nicht magersüchtig, so doch essgestört. Gehöre wieder dazu.

Einmal, während einer Party, gehe ich nachts in die fremde Küche, nehme ein Messer aus der Schublade und schneide mir in den Arm. Diesmal blutet es. Aber es tut nicht weh. Und niemand braucht es zu merken. Am nächsten Morgen dasselbe noch einmal. Erst hinterher, als ich wieder zu Hause bin, erschrecke ich. Hier ist eine Grenze überschritten, und ich kann noch nichts mit diesem Verhalten anfangen. Kann es selbst nicht deuten. Will ich, dass jemand es sieht? Was würde ich dann sagen? So groß sind die Wut und der Hass auf mich selbst, wenn ich es nicht schaffe, kontrolliert zu essen, dass ich mich bestrafen muss? Oder belohne ich mich mit dem Schneiden? Die Fragen sind wichtig, denn ich spüre, dass dies etwas ist, was ich nicht kontrollieren kann. Nachts träume ich, ich würde mit meinem Therapeuten aus der Klinik darüber sprechen.

Auf den Seminaren, die ich mitmachen muss, fühle ich mich noch abscheulicher als im Alltag. Dort ist es mit voller Härte wieder da, das Gefühl, nicht dazuzugehören, die Frage, was ich hier eigentlich mache. Auch dort gehe ich nachts in die Küche und schneide in meinen Arm. Immer und immer wieder.

Womit sollte ich mich beschäftigen, wenn ich mich nicht mit dem Essen beschäftigte? Hungern war meine Aufgabe. Vielleicht brauche ich eine neue Aufgabe.

Wenn ich früh aufwache, weil ich Hunger habe, kommen Erinnerungen an die Magersucht sofort zurück. Aber sie schrecken mich nicht ab, immer wieder hungere ich ein paar Tage. Wie Urlaub in einer gewohnten Umgebung.

Immerhin schaffe ich es, mit dem Wiegen aufzuhören. Es verunsichert, mir keine Zahl zuordnen zu können, aber ich widerstehe der Versuchung der Waage. Sie soll nicht meinen Tag bestimmen.

Katharina, die ich damals in der Klinik besucht habe, hat versucht, sich umzubringen. Ich kann sie verstehen. Die Wahl liegt so nahe. Wie bei einem Junkie, dessen Gedanken immer nur um Drogen kreisen, so kreisen die Gedanken immer nur ums Essen. Essen und der Körper und niemals das Gefühl von Zufriedenheit. Ausreichend, um sich umzubringen.

Ich kann es so gut verstehen. Und ich habe ein schlechtes Gewissen. Gerade ich hätte es merken können, gerade ich hätte mich kümmern können. Und ein bisschen bin ich fast neidisch. Ich selbst habe einfach versucht, mich der Welt wieder anzuschließen. Auf irgendeine Weise tut mir das jetzt leid. Ich war nicht stark genug für das Dunkle. Ein Versager.

Es kommt das Wochenende, an dem ich doch wieder bei meinen Eltern übernachte. Runder Geburtstag meiner Mutter. Das Erste, was ich tue, ist, mein Zimmer umzuräumen. Viel gibt es hier nicht mehr zu verrücken, aber die noch verbliebenen Bilder werden von der Wand gerissen, nur leere Nägel bleiben, und das Bett an einem anderen Standort gibt mir wenigstens nachts eine neue Sicht auf die Dinge. Ist meine Abscheu vor diesem Zimmer gerechtfertigt, lohnt es sich für die wenigen Nächte, die ich in meinem kommenden Leben noch hier verbringen werde, alles umzukrempeln, von den anderen wieder für hysterisch gehalten zu werden? Schon wieder die anderen. Fort damit. Ich möchte umräumen, also räume ich um. Gemütlicher wird es nicht, eher im Gegenteil, aber wenigstens wird es anders, als es war, und ich kann wieder atmen.

Mein Zuhause ist jetzt woanders, ist mein kleines Zimmer unter dem Dach der WG in der Husumer Altstadt. Ich bin nicht mehr auf der Flucht. Es wäre schön gewesen, wäre ich auch hier nicht auf der Flucht gewesen, aber das ist vorbei. Nicht mehr möglich. Hier ist nicht mehr mein Leben, und was war, ist ein bisschen gleichgültiger geworden.

Und dann geht es mir von einem Tag auf den anderen schlecht, plötzlich ertrage ich es bei meinen Eltern keine Sekunde länger, fürchterliche Aggressionen, die keinen Weg herausfinden, mich kaputtmachen, mich nur noch hassen lassen. Ich nehme den nächsten Zug nach Husum. Erst als die Kilometer unter den Rädern davongleiten, werde ich ruhiger. Ich fahre wieder zu mir.

Ich verstehe immer mehr. Mein Ganz-oder-gar-nicht. Alles muss ich voll durchziehen, begreife nicht, dass es auch Zwischenstufen gibt. Manchmal vielleicht hilfreich: Wenn ich lernen muss, lerne ich, wenn ich arbeiten muss, arbeite ich. Manchmal aber auch tödlich anstrengend: Wenn ich nicht dick sein will, muss ich verhungern. Wenn ich nicht zu viel Alkohol trinken will, darf ich gar nichts trinken. Wenn es mir gut geht, darf es mir niemals schlecht gehen. Wenn ich trauere, darf ich nicht lachen. So wird jede Entscheidung eine endgültige Entscheidung, eine unpassend ernste Entscheidung. Vielleicht deswegen auch damals meine Angst vor der Beziehung mit Julie. Wenn ich mit einer

Frau zusammen bin, werde ich niemals mehr mit einem Mann zusammen sein können, werde niemals herausfinden, wie das ist. Langsam erst begreife ich, dass es nicht so sein muss. Dass ich vielerlei sein kann und vielerlei dazwischen. Das Problem ist nur, dass das Dazwischen für mich einen geringeren Wert hat. Dazwischen ist immer Versagen.

Ich besuche Katharina in der Psychiatrie (trotz des »Willst du dir das wirklich antun?« meiner Mutter, meine eigene Entscheidung und eine gute Entscheidung). Und ich sehe, dass die andere noch da ist, alles hat noch irgendeine Normalität, eine fassbare Realität, ich kann Katharina in den Arm nehmen, wir können ein Stück durch den Park gehen, wir können reden, alles ist noch existent. Und ich merke, dass es mir nicht auch schlecht gehen muss. Ich muss nicht alles auf meinen Schultern tragen.

Hier, mit Katharina, ist so nahe, wie ich einmal gewesen bin. Wenn ich mich jetzt zurückerinnere, ist es nur noch Horror. Horror. Schmerz, Rauchen, ewige Müdigkeit, Kälte. Und doch will ich nächste Woche mal wieder versuchen weniger zu essen. Und vor allem keinen Alkohol trinken. Und doch ... Immer wieder das Und-doch, das niemals aufhört. Ich hasse mein eigenes Und-doch und komme doch nicht von ihm los.

Ich bin glücklich. Ich bin einfach so glücklich, dass ich heulen kann und es auch tue. Ich habe eine liebe Mitbewohnerin und überhaupt viele liebe Menschen um mich herum. Ich werde gemocht und akzeptiert. Ich kann essen. Ich kann mich mitten am Tag ins Bett legen und schlafen oder lesen oder mir selbst Weihnachtslieder vorsingen oder anfangen laut zu lachen. Ich brauche gar nichts zu machen und kann alles machen. Und es ist okay. Ich schwanke so extrem, ich bin tatsächlich zwei Personen.

Dann kommt das erste Weihnachtsfest nach der Klinik. Bei meinen Eltern unterm Tannenbaum. Ein Gespräch über meinen Zustand: diese Krankheit, ein Fluch. Und die Tochter muss immer noch zur Therapie. Dauert so lange. Sie reden über mich, als sei ich nicht da. Das interessante Anschauungsobjekt. Ich habe eine mordsmäßige Wut. Könnte tatsächlich alle ermorden. Die sind sensationslüstern. Wie geht es Katharina, wie geht es Lukas, schlimm alles, schlimm schlimm schlimm. Ich kann es nicht mehr hören. Alles tut ihnen leid. Diese Krankheit, schlimm. Aber sie selbst wissen ja Bescheid, sie wissen ja, wie es ist, sie haben es ja selbst mitgemacht, ihre eigene Tochter, ich nämlich, die eigene Familie, sie sind ja mittendrin. *In nichts seid ihr mittendrin, in nichts. Ihr könnt diese Krankheit nicht nachvollziehen, ihr wisst überhaupt nicht, wie das ist, ihr wisst überhaupt nichts. Ihr wollt um meinetwillen leiden, warum könnt ihr euch nicht um euer eigenes Leiden kümmern, das habt ihr nicht geschafft, habt euch verschlossen, euch selbst ausgeschlossen. Ihr wisst nichts von mir, ihr glaubt, mich zu verstehen, aber ihr habt den Versuch, es zu verstehen, verschenkt. Jetzt werde ich mich nicht mehr mit euch auseinander setzen, ich habe es abgehakt, ich habe ein neues Leben begonnen, ich bin draußen, ihr seid noch drinnen, aber das wisst ihr nicht. Denkt, ihr seid mit mir irgendwo, denkt, ihr gehört dazu, ihr gehört nicht mehr dazu und ich hasse euch.*

Alte Kinderbücher: Janosch, Oh, wie schön ist Panama. Der Tiger und der Bär, die eine Reise machen, sich auf eine Suche begeben und am Ende doch wieder genau dort sind, wo sie waren. »Du meinst, dann hätten sie doch gleich zu Hause bleiben können? Du meinst, dann hätten sie sich den weiten Weg gespart? O nein, denn sie hätten den Fuchs nicht getroffen, und die Krähe nicht.

Und sie hätten den Hasen und den Igel nicht getroffen, und sie hätten nie erfahren, wie gemütlich so ein schönes, weiches Sofa aus Plüsch ist.«

Genau das. Abnehmen, zunehmen. Und auf dem Weg: Depression, Angst, Schmerzen, Isolation, Therapie, Tränen. Aber ich hätte mir den Weg nicht sparen können. Ohne ihn wäre ich niemals angekommen, wo ich jetzt bin. Wäre niemals auch nur ein Stückchen von meiner Familie losgekommen. Wäre niemals frei geworden. Ein unbequemer und von außen betrachtet unsinniger Weg, aber es war mein Weg. Der einzige, den ich gehen konnte.

Die lebende Seite in mir stellt fest, wie ungefährlich die gefürchteten Unsicherheiten sind. Es ist für mich eine Leistung, auf eine Party zu gehen, ohne Möglichkeit, mich zurückzuziehen, ohne zu wissen, was es zu essen gibt, was zu trinken. Ohne zu wissen, wo ich schlafen werde. Aber ich schaffe es. Ich kann sein, wie so viele sind, und es tut so verdammt gut, das zu spüren.

Völliger Bruch mit meiner Mutter. Eiskalt sei ich seit der Klinik. Baue eine Mauer zwischen mich und die Familie. Sage niemals konkret, was falsch ist (was natürlich daran liegt, dass nichts falsch ist, aber das will ich verstocktes Kind ja nicht zugeben).

Ich versuche zu reden, zu widersprechen, zu argumentieren, aber ich schlage mich nicht gut. Was ich zu sagen versuche, kommt nicht bei ihr an. Völlig sinnloses Telefonat. Irgendwann kommen wir immerhin zu dem Schluss, dass wir nicht miteinander umgehen können. Kontaktabbruch. Hinterher ist mir mal wieder kotzübel, so groß ist mein Hass, so groß auch mein Entsetzen: Was habe ich getan? Tatsächlich die Familie zerstört? Es macht mir Angst, aber gleichzeitig erleichtert es.

Ein paar Tage später ruft sie doch wieder an: Sie sei zusammengebrochen, mache jetzt eine Therapie. Endlich wird zumindest einmal die Möglichkeit gesehen, dass nicht nur ich das Problem bin. So zumindest meine Hoffnung, die sich nicht bestätigt, denn die Therapie dauert nicht lange, dreht sich anscheinend nur darum, wie mit mir umzugehen ist. Ich bin das Problem, um das es sich handelt, das sämtliche anderen Probleme bedingt. *Wieso wollt ihr euch nicht sehen?*

Post von Lukas. Wir wollen uns wiedersehen.

Aber vorher noch ein Seminar, eines der Höllen-Seminare. Ich fühle mich so unwohl, dass ich nicht einmal mehr duschen oder mich umziehen mag aus Angst, meinen fetten Körper zu betrachten. Hier erscheint er mir noch viel dicker als sonst. Gemeinschaftlich essen, nicht ich bestimme, was es gibt, nicht ich bestimme, wie viel Fett es jeden Tag sein darf, ob Sahne- oder Tomatensoße. Die Jugendherberge bestimmt. Hier ist auch kein Platz für Probleme, hier haben sich alle lieb, eine große fröhliche Familie. Ich hasse alles, was auch nur entfernt an harmonische Familien erinnert. Pseudoharmonie. Für immer genug davon. Niemand merkt, wie schlecht es mir geht. Ich bin verdammt einsam. Friere permanent. Sitze stundenlang im Duschraum auf der Heizung, allein, unbemerkt, der einzige Ort, der warm ist. Fühle mich so ausgeschlossen, dass ich fast ununterbrochen Alkohol trinke, schon vormittags. Dann fühle ich mich deswegen noch fetter und schneide mir in den Arm, immer und immer wieder, weil es das Einzige ist, was diese Tage erträglicher macht. Ich bin nicht wie die anderen, hier wird es mir wieder klar, nichts hilft, mich gegen diesen Gedanken zu wehren. Ich bin allein. Niemand weiß, wie sehr ich diese Seminare hasse, wie schlecht es mir geht. Es würde auch nichts nützen, ich muss ja teilnehmen. Was ein Spaß sein soll, sind für mich die blutigsten Tage des ganzen Jahres.

Hosen passen mir nicht mehr. Meine Oberschenkel beginnen tatsächlich sich zu berühren. *Das muss wieder anders werden.* Depressionen. Tagelang sitze ich in meinem Zimmer. So fett kann ich doch nicht vor die Tür gehen. Manchmal schaffe ich es trotzdem, ein riesiger Kraftaufwand. Ich freue mich auf das Alleinewohnen ab dem Sommer. Vielleicht, weil ich dann nicht aus Gruppenzwang essen muss. Vielleicht auch, weil ich denke, dann wieder in Ruhe abnehmen zu können. Der Käfig lockt immer wieder: Ich bin sicher, komm.

Dann fahre ich zu Lukas. Er stirbt. Ich steige aus dem Zug nach 13 Stunden Fahrt un d sehe, wie er stirbt, wie todkrank er ist, wie tot er ist. Furchtbar dünn steht er da, aber das ist nicht das Schlimmste, dünne Menschen sind etwas, das ich gewohnt bin. Aber er geht darüber hinaus. Er erinnert mich an einen alten Mann, langsam, ganz langsam ist alles, was er tut. Seine Nase läuft, von Zeit zu Zeit hustet er furchtbar, ohne erkältet zu sein. Seine Hände, blau, wirken erfroren, die Fingernägel völlig zerstört, zu Bruch gegangen durch Nahrungsentzug, Ruinen auf seinem Nagelbett. Wie Geistersplitter erinnern sie daran, dass kein Leben sein kann ohne Nahrung, ohne Nährstoffe, Lebensstoff. Seine Stimme erschreckt mich, ich bekomme Angst vor diesem Sterben, er ist nicht so, wie er einmal war, hier ist ein verfallener Mensch, der mich verzweifeln lässt, der mich das Wort meiner Eltern denken lässt, immer und immer wieder: Schlimm. Schlimm schlimm schlimm. Die Floskel, wiederholt, um mich an ihr festzuhalten. Dieses »Schlimme« näher heranzulassen ließe mich verzweifeln. Wir fahren in sein Elternhaus, seine Eltern

sind das Wochenende über nicht da, wir essen zusammen, er
isst unheimlich wenig. Erzählt, dass er sich an mir orientiere,
dass es ihm gut tue, mit einem Menschen zu essen, der normale
Mengen verzehre. Wie ich. Normales Verhalten für jemanden,
der magersüchtig ist, nur verzehre ich keine normalen Mengen,
es ist gefährlich, sich an mir zu orientieren, ich esse längst nicht
genug, hier mit ihm zusammen schon gar nicht. Wie zugeschnürt
mein Hals. Als ich ihm das sage, glaubt er mir nicht, ich äße
doch so viel. Zu viel für ihn. Auch das macht mir keine Angst, zu
wenig essen ist etwas Gewohntes, meine Furcht rührt daher, wie
er isst. Die Krankheit hat ihn wieder, hat ihn niemals überhaupt
nur ein Stück losgelassen, er ist niemals abgesprungen, das sehe
ich, das gibt er nicht zu.

Irgendwann küssen wir uns, aber wir könnten es ebenso gut
lassen, er ist nicht richtig da. Und ich im Grunde auch nicht,
weit weg hält mich mein Kopf, der nicht in dieses Sterben hineingezogen werden will.

Morgens macht er Morgengymnastik. Besessen, ich könnte es ihm
sagen, ich sage, was ich sagen kann, aber er hat Gründe, immer
gute Gründe, die alle nicht stimmen, wie wir beide wissen, oder
vielleicht weiß er es auch schon nicht mehr, ich bin mir nicht
sicher, Entsetzen breitet sich in mir aus, dies hier ist nicht gut,
ganz und gar nicht gut, dies hier ist verloren.

Abends dann vor dem Kamin, irgendwann geht er und kommt
nicht wieder, bis ich mir Sorgen mache. Was soll ich tun, wenn
er sich etwas antut, deprimiert genug ist er, das weiß ich, er hat
es gesagt, soll ich ihn suchen gehen, ist das nicht albern, vielleicht
ist er nur eine seiner halben Zigaretten rauchen gegangen, die
genug für ihn sind, weil ganze zu viel sind für seinen zerfallenen

Körper. Lauter halbe Zigaretten in einer Schachtel, die er später weiterraucht, wie ein Bettler, Zigarettenstummel in der Hand. Ich ekle mich vor diesen Stummeln. Endlich kommt er wieder. Und erzählt, dass er sich gerade fast umgebracht hätte, sagt, dass er es jetzt tun wird, erzählt mir genau, wie er es machen wird, wie schön es sein wird. Kein Ausweg für ihn, denn alles sei falsch und er zu bemitleiden, arm, bedauernswert, nichts sei richtig gelaufen in seinem Leben. Er will mir leidtun, er tut sich selbst leid, er wird gleich gehen und sich umbringen, und ich bin dabei, es tut ihm leid, dass es gerade jetzt so ist, da ich hier bin, aber es geht nicht anders, er hat doch alles versucht, es geht nicht. In mir Panik, wir sind völlig allein in diesem Haus an diesem Wochenende, ich sehe ihn vor mir sitzen und reden, eigentlich redet er nicht mit mir, ist so furchtbar weit weg, irgendwo in seiner Welt, ich sitze da und sehe ihn sterben und kann es nicht ertragen, kann es einfach nicht ertragen, zu viel für mich, ich werde gepackt von Entsetzen, vom Untragbaren, Unerträglichen, und auf einmal schreie ich los, schreie und heule in einem Atemzug, in einem einzigen Moment, Geräusche, von denen ich niemals wusste, dass sie hervorzubringen ich in der Lage bin. Hinterher werde ich sagen, dass ich in dem Moment durchgedreht bin, vielleicht aber bin ich in dem Moment der Vernunft am nächsten. Denn da endlich hört er mir zu, nimmt mich wieder wahr, gebrochen ist sein Bann, seine Abwesenheit wird gebrochen durch mein Schreien, denn nun ist seine Anwesenheit gefordert, weil ich ihm sage, dass ich nach Hause fahren werde, dass es mir scheißegal ist, was er tut, dass es seine Wahl ist, zu leben oder zu sterben, widrige Umstände hin oder her, so beschissen sein Leben auch sein mag, so ungerecht und hart und ungut für ihn seine Familie auch ist, es ist seine Wahl, und er soll endlich aufhören, sich selbst so unendlich leidzutun. Und wenn er sich entscheidet zu sterben, dann werde ich nicht dasitzen und ihm zuschauen, ich werde gehen, sofort, ich kann ihn nicht mehr ertragen, er soll endlich aufhören, mir etwas vorzumachen, ich habe es durchschaut, sein verdammtes Essverhalten und seine verdammten Morgengymnastikübungen und seine Zigaretten und seine dauernden kalorienverbrennenden Spaziergänge. Ich habe es durchschaut, zu mir wenigstens könnte er ehrlich sein, aber wenn er lieber sterben will, dann ohne mich. Ohne mich. Denn ich habe mich verdammt noch mal entschlossen, nicht zu sterben, nicht so. Ich verlasse ihn hier.

Meine Stimme bricht, so heiser bin ich, alle Kraft verausgabt in diesem Ausbruch, lange war ich nicht so erschöpft, aber noch ist es nicht vorbei, denn nun versucht er mich in den Arm zu nehmen, wogegen ich mich wehren muss, und er verspricht mir zu essen. Er wollte mir nicht solche Angst machen, das wollte er doch nicht, und ich sage ihm, dass auch das mir egal sei, wenn er anfange zu essen, dann tue er das für sich, für mich kann er es nicht tun, dieses Geschenk werde ich nicht annehmen, wer sich selbst kein Geschenk machen kann, von dem nehme ich keines entgegen. Hart bleibe ich, schonungslos, bis ich irgendwann ins Bett gehe, völlig erschöpft, ihn sich überlasse, aber jetzt habe ich keine Angst mehr, die Angst ist fort, was immer in dieser Nacht passieren wird, die Angst ist fort, weil ich ehrlich war.

Und in dieser Nacht bringt sich niemand um.

Am nächsten Morgen meldet er, er habe sich entschlossen, er werde jetzt essen, er habe schon angefangen. Ich kommentiere nichts. Bleibe aber doch noch einen Tag und wir machen einen

Ausflug. Ich kann ihn nicht küssen, ich kann keine Beziehung mit ihm führen, ich kann eine Freundin für ihn sein, und vielleicht ist das mehr, als die Freundin für ihn zu sein, aber es ist nicht das, was ich einmal für ihn war. Natürlich ist das in Ordnung, alles, was ich sage, ist in Ordnung für ihn, er versteht, er stimmt mir zu, er sagt, dass das alles sei, was er brauche. Ich sei der einzige Mensch, der ihn verstehe, sein einziger Mensch, ich habe ihm die Augen geöffnet. Er wisse nicht, was ohne mich an diesem Wochenende passiert wäre. Ja. Ja ja ja. Ich bin auf einmal schrecklich müde von alledem, möchte nach Hause, bin froh, als er mich zum Zug bringt. Als ich aus dem Auto aussteige, wartet er nicht, bis mein Zug kommt, er fährt davon, ich stehe auf dem Bahnsteig, mit Blumen, die ich von ihm bekommen habe, es ist Valentinstag, happy valentine's, und irgendwann kommt mein Zug und ich steige ein und fahre davon. Ich werde ihn niemals wieder sehen.

Ein paar Tage später eine Mail von ihm: Er wird seine Lehre abbrechen, er wird von zu Hause ausziehen. Endlich bewegt sich etwas, endlich bewegt er etwas. Und: Er habe mir über seine Gefühle nicht die Wahrheit gesagt, er liebt mich. Ich fühle mich überfordert. Von ihm, von seiner Liebe, von der ganzen Situation. Er ist mir zu viel, weil ich kaum Kraft habe, mich um mich selbst zu kümmern. Alles scheint abwärts zu gehen: Das Essen lässt mich verzweifeln, ich will wieder abnehmen. Fange wieder mit dem Rauchen an. Ersatznahrung. Sehne mich nach Nähe, aber kann sie doch nicht ertragen. Ich rufe meinen Therapeuten aus der Klinik an. Er hat wenig Zeit. Auf einmal kommt es mir so vor, als sei ich ihm viel unwichtiger, als ich dachte. Es war doch nur sein Beruf. Komme mir wertlos vor. Wertlos und zu dick. Habe auf einmal wieder Angst vor meinem Leben. Schaffe es nicht, drei normale Mahlzeiten am Tag einzunehmen. Und nehme doch nicht ab. Wie soll ich dann jemals in meinem Leben wieder normal essen können, ohne zuzunehmen? Fettfurcht.

Wieder Heimweh, Sehnsucht nach dem Angekommensein. Ich wäre gern verliebt. Manchmal tut die Sehnsucht so weh, dass ich mich töten möchte. Ich verletze mich selbst. Manchmal fühle ich mich so einsam, dass ich nicht einmal zum Telefonhörer greifen kann. Dann quält alles, aber gleichzeitig bin ich erstarrt. Abgestumpft und erkaltet, so dass ich ohne Schmerz durch lauter Schmerz hindurchgehen kann. Manchmal tut alles so weh, dass ich es gar nicht mehr spüre. Aber seltsamerweise schmerzt auch das Nichtspüren.

Ich rauche immer mehr.

Dann tatsächlich ein neuer Freund. Es verunsichert mich. Wie kann jemand mich mögen? Wie kann sich jemand in mich verlieben?

Ständig die Befürchtung, dass es nicht sein kann, nicht echt ist, bald vorbei ist. Es muss ein großer Irrtum sein, ich kann nicht gemeint sein.

Die Träume vom Essen kehren wieder: Habe geträumt, ich stünde bei meinen Eltern vor dem Flurspiegel und würde sehen, dass ich total fette Beine habe. Daraufhin fasse ich den Entschluss, wieder abzunehmen, aber merke, dass ich es nicht einmal schaffe, ein Brot mit Käse zu belegen und die überstehenden Kanten nicht zu essen.

Das erste Mal seit fast zwei Jahren bekomme ich meine Tage. Da ich mich sowieso zu dick fühle, entsetzt es mich nicht einmal übermäßig. Ich fürchte mich sowieso vor meinem fetten Körper.

Und jenseits der Angst bin ich tatsächlich auch ein bisschen stolz. Fühle mich weiblich, was ein seltsames Gefühl ist, denn immer noch ist Weiblichkeit für mich unbestimmt, unverständlich.

Ich mache keine Langzeitpläne. Es ist schon schwierig, eine Verabredung einige Tage im Voraus zu treffen. Noch schwerer, mich auf etwas zu freuen, was erst in ein paar Wochen eintreffen wird. Wer kann sagen, das ich dann noch da bin, dass ich dann noch Freunde habe, dass nicht alles ganz anders ist, meine Welt nicht mehr existiert, alle Menschen fort sind? Wer weiß, was dann sein wird? Ich lebe ein Leben, das damit rechnet, im nächsten Moment völlig umgestoßen zu werden. Ein Leben, das Pläne vermeidet. Diese Vermeidung wird wieder stärker und stärker.

Ich kaufe das erste Mal seit zweieinhalb Jahren Tampons. Fast wundere ich mich, dass sich die Verkäuferin nicht wundert: »Was willst du denn mit Tampons?« Nichts dergleichen, es ist völlig normal, dass ich Tampons kaufe, ich gehöre dazu, ich bin eine Frau, niemand kann mir ansehen, dass ich so lange nicht dazugehört habe, nirgends dazugehört habe, nicht in dieser Welt zu Hause war, in der Frauen Tampons kaufen und ihre Tage bekommen und sagen können: »Ich fahre heute zu meinem Freund.« Ich gehöre dazu, und niemand wundert sich darüber außer ich selbst. Darf mich nicht zu auffällig wundern, damit niemand merkt, wie extrem freudlos meine Welt einmal war, wie extrem tot ich einmal war.

Seit der Klinik diese extreme Wechselhaftigkeit. Mal tatsächlich ein neues Leben, mal völlig verhaftet im alten. Euphorie, Depression, Euphorie. Und wenn alle anderen denken, dass es mir überwiegend gut geht, dann weil ich selbst den Eindruck haben will, es mir selbst so sehr einrede, dass ich mich fast davon überzeuge: Mir geht es gut, ich brauche keine Therapie mehr, ich habe ein neues Leben. Doch die dunklere Welt lässt sich nicht dauerhaft wegschieben, kann schnell weggetrunken, weggekifft, ignoriert werden, wenn sie auftaucht, aber drängt immer wieder hervor, und das ständige Wegdrücken strengt an, wird auf Dauer nicht auszuhalten sein.

Der Scheißfrauenarzt wiegt mich. Ich will nicht wissen, was für eine Zahl mir zuzuordnen ist, aber die Waage sagt 65 Kilo. 65 Kilo! Die Waage stimmt nicht, oder ich stimme nicht, oder irgendetwas in meinem Kopf stimmt nicht, ich weiß es nicht, will es nicht wissen, will nicht daran denken, aber die Zahl geht nicht mehr fort, ich muss abnehmen, abnehmen, sofort. Die Zahl bestimmt mein Essen, kann es wieder bestimmen.

Angst, dass meine Freunde sterben. Sie sterben an derselben Krankheit, an meiner Krankheit, und ich habe überlebt, ich egoistische Person, ich bin abgesprungen, ich inkonsequente Verräterin. Katharina geht es nicht gut, ich fahre sie besuchen, was immerhin hilfreich ist, denn Katharina will leben, das glaube ich ihr, das glaube ich zu sehen, und darin kann ich Mut finden. Und brauche mich selbst nicht mehr ganz so schuldig dafür zu fühlen, dass ich leben will.

Der andere, Lukas, schickt mir einen Abschiedsbrief. See you! – Somewhere! Ich rufe ihn sofort an, jaja, er wollte sich tatsächlich umbringen, habe es dann nicht gemacht, weil er zu viel getrunken hätte und eingeschlafen sei. Nun aber habe er sich entschieden und wolle essen und zunehmen und alles und sowieso. Wieder einmal. Und wieder einmal natürlich alles alleine, natürlich schafft er alles alleine, Hilfe in Anspruch zu nehmen ist übertrieben. Ich glaube ihm nicht, und da ist er beleidigt, ich entmutigt. Er wird sterben, woher ich diese Gewissheit habe, weiß ich nicht, aber ich habe sie. Kann ich sterbende Menschen erkennen, so wie ich Magersüchtige erkennen kann? Vielleicht kann ich sterbende Magersüchtige erkennen. Und ich kann nichts für ihn tun, weil ich sein Sterben verstehen kann. Manchmal ertappe ich mich bei dem Gedanken zu wünschen, dass es schon vorbei wäre, finde es schrecklich, ihn so dahinsiechen zu wissen, möchte, dass es ein Ende hat.

Er ruft immer wieder an und fragt nach meinem Leben und erzählt mir von seinen Träumen und erwartet ein Rezept für das Glücklichsein und will wissen, ob ich noch mit meinem Freund zusammen bin und meint, dass ich mich unglücklich anhöre, und ich kann es nicht mehr aushalten, ich habe keine Lust mehr auf diese Gespräche, die mich so runterziehen, die mir so ein schlechtes Gewissen machen, weil es mir besser geht, weil ich ausgestiegen bin, und ich habe keine Lust mehr auf die Lügen, selbstbetrügerische Lügen, und irgendwann beginne ich zu weinen, und da wird er böse und fragt, ob er jetzt ein schlechtes Gewissen haben solle, weil ich seinetwegen heule, und ich kann ihm nicht verständlich machen, was das Problem ist, wir beide verwenden alles, was gesagt wird, gegen uns, und irgendwann legen wir auf und nichts ist geklärt und nichts ist gut, und seine Träume kommen mir vor wie ausgedacht für mich in Erwartung meiner Reaktion, und die ganze Situation kommt mir vor wie in einem Traum, und ich schiebe sie weg und gehe zurück in die Küche, wo meine Freunde sind, und später gehen wir ins Kino, und ich merke, dass ich das erste Mal im Leben eine Clique habe, ein Netz aus Freunden, besser ist das als Familie, und dann habe ich Angst vor der Zukunft, denn hier bleibe ich nur noch wenige Wochen, vielleicht ist es auch die Angst vor etwas anderem, vor Lukas, und irgendwann bin ich betrunken und gehe ins Bett.

Immer denke ich bei allem, was ich esse, daran, dass ich esse und was ich esse, rechne auf und ab, egal, um was es sich handelt. Ein Apfel, ein Brot, ein Eis, ein Glas Wein, ein Glas Saft, ein Joghurt (aber mit wie viel Prozent Fett?), ein Stück Melone. Immer ist es da, das Bewusstsein, niemals schweigend, niemals still stehend. Immer kann ich am Ende eines Tages genau sagen, was ich gegessen habe, mein Paradies-Tag immer noch weit entfernt. Ich habe das Gefühl, ständig zuzunehmen. Wahrscheinlich ist es nicht so, irgendetwas in mir weiß, dass es nicht wirklich so sein kann, aber das Gefühl ist da, ein dauerhaftes Gefühl des Immer-breiter-Werdens.

Ich bekomme dauerhafte Magenschmerzen, ein brennender Punkt in meiner Mitte. Woher der Schmerz kommt, weiß niemand, niemals zuvor hatte ich Probleme mit dem Magen, habe ihn jahrelang misshandelt, becherweise schwarzen Instantkaffee mit Süßstoff getrunken auf leeren Magen (als wenn mein Magen jemals richtig voll gewesen wäre), habe Tabletten geschluckt den ganzen Tag, Kreislaufmittel, Johanniskraut, Gehirndurchblutungshilfen, Beruhigungstabletten, Schlaftabletten, Kopfschmerztabletten, niemals hat mein Magen sich beschwert, nun, da ich einigermaßen vernünftig esse, schmerzt er und hört nicht mehr auf. Ich hasse es, wenn mein Körper nicht funktioniert, wenn mir auch noch Schmerzen vorschreiben wollen, was ich zu essen habe. Vielleicht ist es meine Strafe. Mein Magen bestraft mich jetzt, da Gesundsein nicht mehr lebensnotwendig für ihn ist, für alles, was ich ihm so lange Zeit angetan habe. Merke gar nicht, wie seltsam sie ist, diese Trennung zwischen mir und meinem Körper. Mein Körper gegen mich, für mich ist das völlig normal, komme überhaupt nicht auf die Idee, dass ich doch auch mein Körper bin. Jahre später, in der Uni, werde ich eine Arbeit schreiben über Verkörperung, über Körper-Sein, eine Arbeit über eine fremde Erfahrung, denn ich war niemals mein Körper.

Bei meinen Eltern zu sein ist weiterhin eine Tortur. Ich kann nicht mit meiner Mutter umgehen. Wie ein kleines zerbrechliches Vögelchen steht sie mir gegenüber, so dass ich mich plump fühle, dick, schwer, dreckig, ungelenk. Nicht von ungefähr wollte ich unter dem Gewicht meiner Mutter bleiben. Sie findet mich bestimmt zu dick, findet bestimmt, ich habe zu viel zugenommen. Bei meinen Eltern kann ich schlecht essen, mein Hals dort wie zugeschnürt. Das Haus erdrückt mich, die alten Gefühle wieder da. Alles ist gerade hier, die Handtücher werden auf der Stange gefaltet, die Spüle nach dem Abwaschen abgetrocknet. Alles ist perfekt, so dass ich mir noch viel weniger perfekt vorkomme in dieser Umgebung, fehl am Platz. Und ich habe keine Leistungen vorzuweisen: bekomme keine Zensuren und sehe nun nicht einmal mehr besonders dünn aus. Nichts, was mir ein Gefühl von Stärke gibt. Ich bin nicht mehr perfekt.

Und als wir einmal miteinander reden, läuft es wieder daneben, natürlich ist alles mein Problem, ich könne ja noch nicht einmal sagen, was genau sich zu Hause ändern solle, meine Therapie hätte wohl nicht besonders viel gebracht, wenn ich noch nicht einmal das sagen könne. *Was wisst ihr über meine Therapie?* Ich hasse sie, würde am liebsten sofort wieder fahren, aber schließlich bleibe ich doch. Warum bleibe ich? Es wird doch wieder besser, wird nett, nett, nett.

Das erste Mal so auffällige Rückfalltendenzen, dass ich sie nicht mehr als harmlos und vorübergehend abtun, sie nicht mehr leugnen kann. Ich will um jeden Preis abnehmen, jeder Bissen ist zu viel. Meine Hosen sind zu eng geworden, eine Katastrophe. Ich gehe andauernd joggen, stopfe haufenweise Obst in mich hinein, rauche, wenn ich Hunger habe, statt zu essen. Rede vor allem nicht mit meinem Therapeuten darüber. Will nicht hören, dass dies Magersuchtsymptome sind, will nicht hören, dass ich damit aufhören muss. Ich reagiere doch nur auf Tatsachen, aber das würde er nicht einsehen, ich nehme doch nur ab, weil ich wirklich zu dick bin. *Das hast du schon immer gesagt, das hast du auch mit 20 Kilo Untergewicht gesagt, du weißt ganz genau, dass du nicht wirklich zu dick bist. – Aber ich fühle mich nicht wohl, wöge ich ein bisschen weniger, dann würde es mir besser gehen, dann wäre ich selbstbewusster, könnte besser mit meinem Freund umgehen, hätte nicht so viel Angst, wenn ich mit ihm schlafe, hätte einen besseren Start in Berlin beim Studium, könnte mit meiner Familie besser zurechtkommen, könnte ... – Du weißt, dass das eine Illusion ist, nichts wird besser, wenn du abnimmst, du kannst deine Probleme nicht damit lösen, dass du hungerst, hattest du das nicht schon einmal begriffen? – Aber es geht mir tatsächlich besser, wenn ich hungere. – Du hast Angst. Du hast einfach bloß verdammte Angst. Du bist unsicher, und du ziehst dich auf die eine Sache zurück, die du sicher beherrscht und die dir darum Sicherheit gibt: hungern hungern hungern. Es ist nur eine Flucht, aber sie nützt nichts, du kannst nicht dein Leben lang aus Unsicherheit hungern. – Aber ich muss, ich bin zu dick, ich esse viel zu viel, meine Beine, mein Bauch, ich bin zu dick, ich bin zu dick, ich –*

Einmal ruft jemand an und fragt nebenbei, eine Floskelfrage, warum ich bei dem schönen Wetter denn nicht im Eiscafé säße. Das erste Mal, dass mir klar wird, dass für andere ganz normal wäre, dass sie sich nichts dabei dächten, wenn ich, genau ich, im Eiscafé säße und ein Eis äße. Meine ganze Paranoia, meine Gedanken, man beobachte mich, wenn ich ein Stück Schokolade esse – »Wie kann die fette Kuh jetzt auch noch Schokolade essen?« –, diese Gedanken hat wahrscheinlich niemand je gehabt, je gedacht, es ist alles immer nur in meinem Kopf, immer alles nur in meinem Kopf.

Ich habe keine Lust mehr auf die Therapie. Keine Lust mehr zu reden. Ich will allein sein, allein leben. Der Therapeut ist einverstanden, hält mich auch für stabil, übers Essen haben wir sowieso wenig geredet, das sei ja nicht das eigentliche Problem, habe ich erklärt, er hat es akzeptiert, aber bezüglich der eigentlichen Probleme habe ich ihn auch mit dem abgespeist, was er hören wollte, was ich sagen wollte, weiter kommt niemand an mich heran, irgendwo muss ich mich immer schützen. Zwei Therapeuten später werde ich begreifen, dass genau dies das Problem ist, aber momentan halte ich mich tatsächlich für austherapiert, mehr ist nicht drin, und so verabschiede ich mich und verlasse nach dem nicht erinnerbaren Sessel des ersten Therapeuten, dem Korbsessel meiner Therapeutin und den Ledersesseln der Klinik auch den grünen Stoffsessel.

Manchmal schaffe ich es, mit meinem Körper ein Stück weit zufrieden zu sein. In Frieden zu sein. Kleine Erholungspausen in einem kräftezehrenden Spiel.

Bald werde ich wieder umziehen, nach Berlin, wo ich studieren werde, der Abschied rückt näher. Beginne erneut, mich viel zu dick zu fühlen. Drei Tage ohne Sport lassen mich verzweifeln.

Wieder verschiebe ich meine Probleme, schaffe mir meine eigene Welt, in der ich kämpfe, weiche der tatsächlichen Welt aus: Höre ich auf zu rauchen, finde ich eine Wohnung. Schaffe ich es abzunehmen, dann bleibt mein Freund bei mir. Immer wieder dieselbe Illusion. Kämpfe nicht im Leben, schaffe mir einen Kampfplatz irgendwo vom Leben entfernt, auf dem einen Sieg zu erreichen mir nicht das mindeste nützt, ich weiß es, und doch versuche ich es, immer wieder verfalle ich der Illusion, es würde alles besser, wenn ich nur dünner sei, wenn ich nur perfekt sei, wenn ich nur niemals eine Schwäche hätte.

Beim Rausgehen sagt Hunter zu White Mike:
»Ich hab mal irgendwo gelesen, dass du
in New York auch überlebst, wenn du völlig
abgebrannt bist, denn hier wird auf der Straße so
viel Essen weggeworfen, dass du eigentlich nicht
verhungern kannst.« – »Man muss essen wollen.«
Nick McDonell: Zwölf

Wer bin ich? Anorexia nervosa, rezidivierend.

Da sitze ich in meiner neuen Wohnung. Und jetzt: alleine kochen, alleine essen, alleine für mich sorgen. Ich habe es so gewollt. Als Chance, wieder in die Sucht zurückzufallen, oder als Chance, sie endlich zu überwinden?

Immerhin, in manchen Dingen bin ich frei. Ich entwickle eine absurde Vorliebe für Weißbrot mit Käse, eine Kombination, die es in unserer Familie niemals gab. Niemand kann verstehen, was für eine Freiheit in einem Stück Weißbrot mit Butter und Käse liegt. Wenn ich Nudeln koche, fische ich immer wieder welche aus dem Topf und probiere, bis ich zufrieden bin. Ich brauche keine Uhr. Ich toaste Schwarzbrot und esse es mit Marmelade.

Das Vergleichen mit anderen lässt sich nicht abstellen. Ich weiß, dass meine Maßstäbe verzerrt sein müssen – immerhin ein Diagnosekriterium dieser Krankheit: verzerrte Körperwahrnehmung –, aber ich glaube es nicht. Sehe überall Leute, die dünner sind als ich und besser aussehen und und und. Mag meinen Körper nicht besonders.

Tagsüber esse ich kaum etwas, dafür dann abends. Das macht nichts besser, macht mich nicht dünner, aber erspart mir wenigstens ein paar Stunden des schlechten Gewissens, weil ich etwas gegessen habe, da ich im Schlaf kein schlechtes Gewissen haben kann. Dafür traue ich mich manchmal nicht ins Bett zu gehen, schleiche noch mindestens zwei, besser drei Stunden in der Wohnung herum, damit mein Körper das Essen verbrennt, macht es doch angeblich dick, mit vollem Magen einzuschlafen. Fühle mich diese Stunden über schlecht, aber dann, dann kann ich schlafen gehen, kann diese Unmengen von Nahrung in meinem Körper vergessen. Was ich Unmengen nenne: einen Teller Nudeln.

Mein Bruder verfällt in eine Depression. Nun gibt es jemand anderen, um den es sich zu kümmern gilt, auf einmal bin ich nicht mehr der Mittelpunkt. Einerseits ist mir das recht, andererseits wird von mir erwartet, dass ich mich seiner annehme. Plötzlich soll ich wieder die Starke sein: »Du kennst dich doch mit so etwas aus!« Mit so etwas: mit Menschen, die nicht funktionieren. Es überfordert mich. Ich will mich nicht wieder kümmern müssen.

Meine Hoffnung, dass meine Eltern nun einsehen, dass doch etwas an unserer Familie krank machen kann, bestätigt sich nicht. Auch wenn jetzt das andere Kind »krank« ist, bleibt ihre Argumentation die gleiche. Denn Depressionen können auch rein körperlich – die Synapsen! – erklärt werden. Während bei mir ja der Kopf verrückt ist. Hauptsache, das Bild der Familie bleibt heil.

Ich traue mich nicht, Jeans anzuziehen, die ich ein paar Wochen nicht anhatte, aus Angst, sie könnten nicht mehr passen. So hungere ich schon einmal im Voraus, nicht einmal wissend, ob die Hosen tatsächlich zu eng sind, allein aus Angst. Angst vor den Resultaten des Essens, Angst vor dem Wachsen.

Sucht: Man ist nur noch mit einer Sache beschäftigt, rund um die Uhr, man hat nur noch eines im Kopf, eine Sorge, ein Ziel. Alle anderen Probleme werden ausgeblendet, existieren nicht mehr, werden unwichtig. Nichts ist mehr wichtig außer der einen Sache ... Und auch wenn man dadurch viel verpasst, es verpasst, die ganze Spanne des Lebens zu leben, gibt es Momente, in denen ich mich nach diesem perfekten Zustand zurücksehne: Wenn alles kompliziert ist, wenn alles mich zu überfordern droht, dann verlange ich danach, einfach alles auszublenden und mich auf die eine Sache zu konzentrieren, in der ich richtig gut sein, in der ich mich richtig sicher fühlen kann.

Zum Essen eingeladen zu werden ist immer noch oder wieder eine Qual. Einmal kochen Julie und ein Freund für mich, ich esse den ganzen Tag nichts, damit ich mit ihnen essen kann und nicht auffalle.

Das Essen ist fett, ich esse mit wachsender Panik. Um damit umzugehen, das Bewusstsein zu verlieren für all das Fett, beginne ich zu trinken, bis ich – gnädiges Schicksal – kotzen muss. Erleichterung, mit all diesem Fett im Bauch hätte ich die Nacht nicht überlebt, davon bin ich überzeugt. Dennoch fühle ich mich erbärmlich. Ich habe versagt. Ich werde niemals normal essen können, niemals eine gewöhnliche Einladung annehmen können. Julie bringt mich nach Hause, versucht, mich davon zu überzeugen, dass ich niemandem etwas beweisen muss, dass es unvernünftig ist, den ganzen Tag zu hungern, nur um abends gut dazustehen – gesund dazustehen, normal dazustehen –, aber ich fühle mich dennoch verloren. Die nächsten Tage sind furchtbar. Ich esse kaum, fühle mich permanent zu dick, bis mir ständig schwindlig wird, ich Kopfschmerzen bekomme, so dass ich letztendlich doch etwas esse, zu viel esse sicherlich, mich wieder schlecht fühle. Nichts funktioniert mehr.

Ich muss einen Bewerbungsbogen für ein Stipendium der Studienstiftung ausfüllen: »Nennen Sie die Sache, mit der Sie sich in den letzten Jahren am intensivsten beschäftigt haben!« Ironie. Womit ich mich beschäftigt habe? Nichtessen. Immer nur mit Nichtessen. Und mit Planungen, Vorkehrungen, Sicherheitsstrategien, um nichts dem Zufall zu überlassen. Was ich am nächsten Tag essen soll und welche Socken ich anziehen werde und ob ich Milch in meinen Kaffee tun soll und was ich meiner Mutter erzählen kann, wo und was ich schon gegessen haben könnte und ob das Messer, mit dem ich mir in den Arm schneide, scharf genug ist. Ironie der beschissene Bewerbungsbogen, das Einzige, was wirklich zutrifft, kann ich nicht schreiben, und mit etwas anderem habe ich mich nicht beschäftigt. Mit Magersucht beschäftigt zu sein heißt ausschließlich beschäftigt zu sein. Ich trage irgendetwas ein, alles mehr oder weniger an den Haaren herbeigezogen. Was soll ich über mein Leben berichten, ich habe doch nicht gelebt, ich habe doch erst vor einem Jahr anzufangen versucht: »Dann wurde ich aus der Klinik entlassen und jetzt bin ich ein Jahr alt.« Vielleicht wäre diese Wahrheit besser, aber das zu schreiben traue ich mich doch nicht, und so kommt eine recht langweilige und vor allen Dingen unwahre Lebensbeschreibung heraus.

Dann ziehe ich die verdammten Jeans endlich an und traue ich mich nun nicht mehr, sie zu waschen, aus Angst, nach der Wäsche nicht mehr hineinzupassen. Warum müssen Jeans sich in der Waschmaschine dermaßen zusammenziehen? 20 Jahre alt, mich fürchtend vor einem Paar frisch gewaschener Jeans: Ich habe meine Krankheit überwunden?

Ich kann mich zwar zum Essen bringen, aber genießen tue ich es nie. Essen, um zu überleben. Essen aus Pflichtgefühl. Essen, weil ich um die Konsequenzen des Nichtessens weiß. Vielleicht besser, als gar nicht zu essen, aber es fühlt sich nicht gut an, macht mich unglücklicher, als nicht zu essen. Essen zu müssen ist schrecklich. Essen, ohne zu müssen, kann ich nicht. Nicht mehr essen soll ich nicht.

Andauernd ruft mein Bruder an. Weint und weint und weint. Wir reden über die Familie. Gespräche, die mich auslaugen. Ich bin froh endlich nicht mehr allein dazustehen, einen Verbündeten zu haben, jemanden, der mich nicht als verrückt dastehen lässt. Jemanden, der – auch wenn wir nicht über mich reden – zugesteht, dass meine Empfindungen berechtigt sind, dass ich mir die Probleme nicht nur eingeredet habe. Aber andererseits will ich damit auch nichts mehr zu tun haben. Ich will doch meine Ruhe. Und ich kann mich nicht um ihn kümmern. Das möchte er aber gerne, und ich bringe es auch nicht fertig, ihn abzuwimmeln, hängen zu lassen, zu verweisen auf Psychologen und Therapeuten. Schon wieder bin ich jemandes »einziger Mensch«.

Dann wieder die andere Seite: Ich genieße die Stadt, fahre mit dem Fahrrad herum, liege stundenlang in Parks, lese, schreibe

Tagebuch, lasse mir die Sonne auf den Rücken scheinen, bin zufrieden mit meinem Leben. Mit mir nicht immer, aber mit meinem Leben. Wertvolle Tage.

Wenn ich lange schlafe, habe ich ein schlechtes Gewissen. Mir fällt gar nicht ein, dass das auch in Ordnung sein kann, dass ich mir doch zugestehen kann, einmal nicht energiegeladen zu sein, müde zu sein. In mir eine Instanz, die sagt, was zu tun ist, was gut ist, was schlecht. In klaren Momenten merke ich, dass diese Instanz die Meinung meiner Eltern wiedergibt. Immer noch höre ich auf sie. Immer noch überzeugen sie heimlich, still und leise: Iss doch den Milchreis zuerst mit Kirschen. Ich will endlich frei sein, will endlich loskommen, will endlich, endlich mein eigenes Leben.

Aber woran merke ich, dass ich mein Leben lebe? Woher weiß ich, dass es nicht lediglich wieder Reaktion ist, Protestleben oder Schauleben. Leben als Antwort auf die Lebensentwürfe anderer. Leben für andere, als ein Bild für andere, wie ich es immer getan habe. Für meine Eltern, für meine Freunde, für meine Lehrer. Vielleicht jetzt gegen meine Eltern, für andere Freunde, für irgendeinen fernen Therapeuten. Ich habe mich so sehr verloren, dass ich Angst habe, nicht zu bemerken, wenn ich mich wieder gefunden habe. Wie soll ich mich noch an mich erinnern? Der Fehlglaube hierbei: Ich denke, es ginge ums Wiederfinden. Dabei geht es ums Neuerfinden. Ich war doch niemals ich. Wie leben mit dem Gedanken, dass gar nicht ich lebe? Was ist noch wert, getan zu werden, wenn ich nicht weiß, ob ich es bin, die es tut?

Ich kann nicht fassen, dass ich nichts dafür tun muss, dass andere Menschen mich mögen. Ich kann nicht fassen, dass ich nichts dafür tun muss, essen zu dürfen. Ich begreife nicht, was für ungeheure Rechte ich habe. Dass ich ein Daseinsrecht habe.

Einmal backe ich einen Kuchen. Hinterher schmeiße ich ihn sofort weg, weil ich ein Stück davon genascht habe: so viel zum Thema normales Essverhalten.

Ich traue mich nicht zur Uni, weil meine Lieblingshose zu eng geworden ist.

Wie kann man Magersucht zusammenfassen, ohne alle Symptome zu erklären, ohne alle verschiedenen Gründe zu erläutern? Wie könnte ich jemandem, der fragt, erklären, was das für eine Krankheit ist, in einem Satz, in einem Wort? Ein Wort nur fällt mir ein: Verneinung.

Verneinung des Körpers, Verneinung des Erwachsenwerdens, gleichzeitig Verneinung jeglicher Abhängigkeit, Verneinung jeglicher Bedürfnisse, Verneinung des Geschlechts, Verneinung jeglicher Bindungen. Letztendlich vielleicht Verneinung dieses Lebens.

Mein Freund macht Schluss. Ruft an. Ich bin es ihm nicht einmal wert, dass er persönlich mit mir spricht, endlich erkenne ich es, glaube keine Ausrede, keine Erklärung mehr. Ich könne ihn erpressen, mit ihm zusammenzubleiben, sagt er. Er wolle nicht, dass ich mir wieder die Arme aufritze, wie vor unserer Beziehung, er habe Angst um mich. Aha. Er hält mich also auch für psychisch labil. Ich sage ihm alles, was er hören will. Nein, er muss keine Angst um mich haben. Nein, ich werde mir nicht seinetwegen in die Arme schneiden, es ist okay, er braucht sich keine Sorgen zu machen. Ich lege auf, nehme mein Messer und schneide mir in den Arm. Warum habe ich das so lange nicht getan, für wen habe ich mich zurückgehalten, wer sagt mir, dass ich das nicht darf, wer macht die Regeln? Ich ich ich. Ich mache meine Regeln selbst, und ab jetzt darf ich wieder sterben.

Momentaufnahme
Die Zigarette brennt schnell
Ich sterbe langsam

Später stehe ich an der U-Bahn und denke, ich könne mich ebenso gut fallen lassen. Nicht mehr sein müssen, nicht mehr kämpfen müssen. Das Leben ist mir zu viel. Mein Freund macht Schluss, die Uni beginnt und meine Hose ist zu eng, ich schaffe es nicht, vernünftig zu essen, mein Bruder hat Depressionen, und ich bin irgendwo, mittendrin, verloren. Am Telefon spiele ich heile Welt, rufen Verwandte oder Freunde an, sage ich, es geht mir gut. Es geht mir schlecht wie lange nicht mehr. Ich weiß schon auf dem Weg zur Uni, dass ich mir abends wieder in den Arm schneiden werde. Alles, was dazwischen liegt, ist nur ein Warten darauf, ein Warten auf das Messer, das mich zumindest für einen kurzen Moment von dem Druck in meinem Kopf befreit. Ich schreibe massenweise Gedichte. Gedichte über Messer, Gedichte über Arme. Gedichte sind kein Ersatz.

Whatever
Whatever ist am Anfang
und am Ende.
Whatever ist der Schnitt
und die Angst
vor der Konsequenz.
Whatever zum Blut.
Whatever zu den Folgen.
Whatever zu mir.

Ich bin mir selbst gleichgültig geworden. Ich kann nicht einmal mehr richtig weinen, bin viel zu angespannt. Input, immer nur Input. Es geht nichts mehr in mich hinein und ich lasse auch nichts mehr heraus. Ich habe versagt, ich kann dieses Spiel Leben nicht spielen.

Aber es muss noch mehr hineinpassen, eine Woche später kommt ein Brief. Lukas ist tot. Der Brief kommt zu spät, musste mir erst hinterhergeschickt werden, ich schaffe es also nicht mehr zur Beerdigung, kann nicht einmal mehr Abschied nehmen. Ich stehe da mit dem Brief in der Hand und fühle gar nichts. Zu absurd kommt mir alles vor, ein surrealer Traum: Nur so eine absurde Bitterkeit. Oder Bitterkeit der Absurdität. Ob jemand es hätte verhindern können, ob ich es hätte verhindern können? Ich war zu schwach, ich bin davongelaufen. Er hat bis zuletzt an mich gedacht, darum auch dieser Brief von seiner Mutter, er hat seine Mutter gebeten, mir zu schreiben. »Wäre«, »hätte« und »könnte« machen sich in meinem Kopf breit, ich will sie nicht zulassen. Wir wollten uns doch treffen, zwei Jahre nach der Klinik, wir wollten uns auf der Wiese vor der Klinik treffen und wieder Cidre trinken und lachen über die Vergangenheit und essen und erzählen: »Ich habe es geschafft, ich mache jetzt dieses und jenes.« Wir wollten uns treffen nach zwei Jahren. Und keiner hat gesagt: »In zwei Jahren bist du tot, und ich weit weg und unglücklich.« So weit haben wir nicht gedacht, etwas ist schief gelaufen, der Käfig ist endgültig zugeschnappt und nur eine Ratte ist entkommen. Ich fühle mich unendlich alleine. Ich will nicht die übrig gebliebene Ratte sein.

Als diese renne ich nun los. Fieberhaft beginne ich durch mein Leben zu hasten, schaue nicht rechts und nicht links, verarbeitet wird später, hier geht es ums nackte Überleben, und dazu muss ich erst einmal heraus aus dieser Enge, irgendwann werde ich mir Ruhe nehmen, dann werde ich über alles nachdenken, jetzt kann ich es nicht, jetzt habe ich keine Kraft. Lauf um dein Leben.

Mein Bruder wird in dieselbe Klinik kommen, in der ich war. Es passt mir nicht. Mein Zuhause, das erste Zuhause, das ich jemals hatte, wird mir weggenommen, wird entwertet auf eine sonderbare Art und Weise. Es ist nun nicht mehr nur mein Zuhause: Jemand zieht in ein Haus ein, in dem ich einmal glücklich war, und ich bin eifersüchtig.

Meine Eltern beschweren sich, ich hätte mich doch einmal melden können, hätte mir doch denken können, dass es ihnen nicht gut gehe, meines Bruders wegen. Verdammt, was wisst ihr denn schon, wer kümmert sich denn laufend um ihn, wer telefoniert denn stundenlang und hört sich depressive Monologe an, wer erträgt das denn? Und falls es jemanden interessiert, mir geht es auch nicht gut, bei mir meldet sich auch niemand, ich habe auch Probleme. Egal, nichts sagen, nicht darüber nachdenken, nicht stehen bleiben, nicht in der Familie stecken bleiben, weiter, immer weiter.

Trotzdem

Trotze dem, was sagt
du seist nichts wert.
Trotze dem, was dich fühlen lässt
es sei zu viel.
Trotze dem, was dich nicht
leben lassen will
Trotzdem es nichts helfen mag

sage täglich, stündlich,
sage dir selbst:
Trotzdem sein
Trotzdem annehmen
Trotzdem leben
Trotz des Lebens
leben
Das ist der Trotz
des Lebendigen

Ich stürze mich in dieses Lebendige, bin ständig unterwegs, knut-
sche mit wildfremden Typen herum, jeden Abend außer Haus,
betrete meine Wohnung nur noch zum Schlafen, möchte nicht
nachdenken, noch nicht, nicht schon wieder, schnell leben, damit
das Leben keine Fragen stellt.

Auch mein Essverhalten interessiert mich nicht, ich schaue weg,
möchte mich nicht beschäftigen mit meinem Blutbild, das nicht
besonders überragend ist, laufe immer weiter, vorwärts stolpern,
nicht schauen, nicht die Augen aufmachen. Die einzige Angst bei
diesen Bluttests ist, dass jemand mich auf meine Arme ansprechen
könnte, die ständig zerschnitten oder wenn nicht, dann zumindest
verschorft sind. Vielleicht hoffe ich auch, dass jemand fragt, ich
weiß es nicht genau. Julie fragt auch nicht, als sie es sieht, aber
nimmt mich in den Arm, und da merke ich, dass ich wieder einmal
komplett verlernt habe zu weinen.

»Das mit der Anorexie haben Sie jetzt unter Kontrolle?« Fragebögen bei Ärzten ausfüllen, hinterher dann doch noch Fragen
beantworten müssen. Ein unsinniges Verfahren. »Jaja, das ist alles
in Ordnung!« Was erzähle ich? Nichts ist in Ordnung, ich kann

diese Krankheit nicht loslassen, kann meinen Körper nicht sich selbst überlassen, habe Angst, verdammte Angst, meine Sicherheit, meine sichere Krankheit aufzugeben. Es wird alles besser werden, im Moment brauche ich eben diese Sicherheit, rede ich mir ein und weiß im selben Moment, dass ich mir selbst etwas vormache, im Moment, im Moment, der Moment wird niemals zu Ende gehen, ich bin nicht bereit loszulassen, bin immer noch eingesperrt in einem Gefängnis, das ich mir selbst gebaut habe, das ich immer noch baue. Baue es schöner jetzt, als es damals war, bequemer, nicht mehr so sehr nach Gefängnis aussehend, aber ein Gefängnis ist und bleibt es. Diese wahnsinnige Überwindung, die es kostet, einmal wenigstens am Tag eine vernünftige Mahlzeit zu essen, vielleicht sogar etwas zu kochen. Die es kostet, ein Stück Schokolade zu essen oder einen Bonbon. Ich esse Süßigkeiten halb und spucke sie dann in den Müll. Hatte ich mir das nicht schon lange abgewöhnt?

Eine erneute Therapie kommt mir sinnlos vor, ich habe doch begriffen, worauf es ankommt, jetzt muss ich nur noch loslassen, nur noch springen, nur noch umsetzen, was in meinem Kopf so klar ist. Stattdessen Kämpfe in meinem Inneren bei jedem Bissen, den ich esse, bei jedem Bier, das ich trinke, bei jedem Lolli, den ich lutsche. Auf Dauer ist es kein Leben, das weiß ich, auf Dauer soll dies nicht mein Leben sein. Das Schwierige ist bloß, dass es ja so geht. Ich esse genug, um zu überleben. Ein Unterschied zu früher. Und darum ist es noch schwieriger, das Verhalten zu ändern. Hier ist niemand mehr, der sagt, so geht es nicht, der mich in eine Klinik schickt, der mir Sondennahrung verordnet. Hier ist niemand mehr, der Angst um mich hat, denn ich überlebe ja, halte mich ja aufrecht, esse ja, wenn auch nicht viel, so doch genug. Bloß esse ich mit einem Krieg im Kopf, und das ist auf Dauer nicht auszuhalten, nicht erträglich, dazu habe ich nicht die Kraft. Aber wie kann ich aufhören mit diesem Kampf im Kopf? Wie nicht nur nicht sterben, sondern leben?

Ich habe einen Fahrradunfall, werde über eine Motorhaube geschleudert. Was das Erschreckende ist: dass es mir verhältnismäßig gleichgültig ist in dem Augenblick des Fliegens. Aber dennoch, dies ist der Moment, hier habe ich endlich genug, hier kann ich endlich weinen, hier ergibt sich mein Körper und ergibt sich mein Kopf, stürzt alles ein, fällt mein Schutz zusammen, und ich weine. Tränen, Tränen, Tränen, ich kann endlich weinen, endlich verzweifeln, gebe jeden Widerstand auf. Endlich darf ich erschöpft sein, müde, traurig, mutlos. Endlich darf ich zugeben, dass alles zu viel ist für mich, dass ich nicht mehr kann, dass ich zu schwach bin, dass meine Kraft erschöpft ist. Die Ärzte binden mich auf einer Bahre fest, weil ich weine und weine und weine, was übertrieben ist nach solch einem Unfall, wie sie meinen, sie verstehen nicht, wie jemand durch solch einen kleinen Unfall solch einen großen Schock erleiden kann, ich werde aus der Notaufnahme auf die Straße geworfen und komme irgendwie nach Hause, und dort rufe ich eine Freundin an, die kommt und mir Tee macht, denn nach einem Unfall darf man um Hilfe bitten. Und ich bin so glücklich, nicht allein sein zu müssen, so glücklich, einfach nur dazuliegen und nicht weiterrennen zu müssen, obwohl ich auch jetzt nicht rede, so glücklich, obwohl alles in mir schmerzt, weil ich meinen Freund vermisse, obwohl er mich beschissen behandelt hat, und weil Lukas tot ist und mich allein gelassen, mich überleben lassen hat, und weil ich meinem Bruder nicht helfen kann und doch helfen will, und weil ich immer noch nicht zurechtkomme mit meiner Familie, mit dem Essen, mit meinem Körper und der einzige Weg, zu entkommen, durch den Schnitt in die Haut führt. Auf einmal spüre ich den Verlust, fühle mich unendlich allein, auf einmal kann ich nur noch weinen. Und es tut gut, traurig zu sein, es tut so gut, traurig sein zu dürfen. Vielleicht war dieser Unfall das Beste, was mir auf meiner Flucht passieren konnte, weil er eine gute Entschuldigung fürs Weinen ist.

In der darauf folgenden Woche gehe ich zu einer Therapeutin und bitte um den nächsten freien Platz.

Es ist nicht sofort ein Platz frei, und die nächsten Monate verbringe ich mit Warten. Im Januar finden die Auswahlgespräche für die Studienstiftung statt. Ein Rückfall in alte Seminarzeiten. Ich bin mir inzwischen völlig entfremdet, sehe mich handeln, aber erlebe den Moment nicht. Ich handle nicht. Der Blick der eigenen Augen auf mich gerichtet. In dieser Seminaratmosphäre, in der ich auch noch von außen beobachtet werde, noch schwerer auszuhalten als sonst. Was mache ich hier? Ich gehöre nicht dazu. Das erste Auswahlgespräch entscheidet bereits, die eine Frage. »Kochen Sie gern mit anderen zusammen?« Wahrscheinlich eine Frage aus dem Standardfragenkatalog »Lockere Fragen für Auswahlgespräche«. In mir löscht sie ein Licht aus. Mit anderen zusammen kochen, ein Blick in den Abgrund, was weiß dieser Mann, was würde er sagen, wenn ich ihm erzählte, dass hier die Hölle anfängt? Vielleicht sollte ich davon erzählen, aber er kommt mir wie der Letzte vor, der dies verstünde. *Stümper. Du hast keine Ahnung.* Zu sicher ist seine Welt, um sich von Essen beeindrucken zu lassen, zu einfach ist seine Welt für Panik, hervorgerufen von einer Gabel Nudeln zu viel. *Du hast doch keinen blassen Schimmer, du lebst doch ganz woanders.* Und so

antworte ich irgendetwas, kochen, ja gerne, aber in dem Moment
ist es schon vorbei, habe ich schon verloren, weil ich mich selbst
verloren habe, in dem Moment trete ich in meine andere Welt
zurück und könnte mir das restliche Auswahlverfahren eigentlich
sparen, ich weiß, dass es keinen Sinn mehr hat. Und darum zähle
ich die Stunden, bis ich wieder in meiner Wohnung bin. Als ich
dort ankomme, falle ich ins Bett und schlafe fünfzehn Stunden
am Stück, so erschöpft bin ich.
Ich werde nicht ausgewählt.
Ich habe einen neuen Freund, verliebe mich widerwillig, aber
verliebe mich. Und mit Thomas an meiner Seite geht tatsächlich
wieder vieles leichter, kann ich ungeahnte Dinge tun. Morgens
im Bett frühstücken, sogar Croissants, Kakao. Plötzlich ist es
wieder möglich. Zusammen duschen und es genießen, angesehen
zu werden. Wie oft habe ich mich nicht einmal getraut, allein zu
duschen aus Ekel vor mir selbst. Aber hier bin ich angenommen,
habe mich lange nicht mehr so angenommen gefühlt.
Doch immer noch schwanke ich unsicher, die Woche über bin ich
sowieso allein, Fernbeziehung, aber auch, wenn Thomas da ist:
immer wieder die Angst. Wie kann ich mich nur auf jemanden
einlassen, wie kann ich nur vertrauen? Und: Wie kann ich nur
essen? Die Angst verfolgt mich, genau wie der Hass. Hass auf
mich selbst und auf meinen Körper: Mag mich nicht mehr. Mag
mich nicht einmal mehr hübsch machen. Ich will wieder in meine
Jeans reinpassen. Ich will mich wieder mögen. Ich will wieder
irgendwo meine Beine hintun können, ohne mich furchtbar fett
und eklig zu finden.
Immer wieder schmiede ich Abnehm-Pläne, mal erfolgreich, mal
nicht erfolgreich, aber niemals schaffe ich es, mich überhaupt

nicht mit meinem Körper zu beschäftigen. Mein Ideal beginnt in der Vergangenheit zu liegen. Wenn ich alte Fotos sehe, frage ich mich, wie ich so fett werden konnte.

Irgendwann halte ich dieses Schwanken nicht mehr aus, ganz plötzlich, ich liege auf meinem Bett, mir ist schwindelig, alles dreht sich, und plötzlich die Panik: Panik aufzustehen, Panik zu sterben, Panik, krank zu sein, Panik, zu dick zu sein, Panik, zu dünn zu sein, unbekannte Panik. Mein Herz rast, die Decke fällt mir auf den Kopf, was soll ich tun, Zeit fällt mir auf die Brust, was ist das, ich werde sterben, keine Hilfe, alles zu spät.

Irgendwann dann, irgendwann später, kann ich erstaunlicherweise wieder atmen. Atmen. Eine Ewigkeit ist vergangen. Ich spreche ganz ruhig mit mir selbst und stehe langsam auf, koche mir einen Kakao, mein Körper braucht Zucker, wenigstens das fällt mir ein, viel zu lange keinen Zucker mehr zu mir genommen, und die ganze Zeit rede ich beruhigend auf mich ein, erzähle mir, dass ich gehen kann, scheine es auch zu können, denn ich komme in der Küche an, wenn ich auch nicht weiß, wie. Zucker. Wenigstens der Schwindel verschwindet jetzt. Irgendwann kommt Julie, wir waren verabredet, wollten ins Kino gehen, hallo Julie, ich kann nichts sagen, wieder nichts erzählen, bis die Frage kommt – schon wieder eine so harmlose Frage –, ob ich schon etwas gegessen hätte heute Abend. Da bricht es heraus: Wie das Essen mich wieder beherrscht, alles mich wieder einholt, die Tage nicht herumgehen, ich nicht mehr einkaufen gehen kann, nicht mehr duschen mag, alles wiedergekommen ist, und ich nicht mehr kann, ich kann nicht, ich schaffe es einfach nicht, ich schaffe diese Krankheit nicht, ich kann auch bestimmt keine gute Beziehung führen, ich weiß gar nicht, was Thomas von mir will, ich …

Manchmal weiß ich auch nicht, was ich von ihm will. Wäre er nicht so beharrlich gewesen, wäre ich nicht mit ihm zusammen, und irgendwo in mir sitzt das Gefühl, dass es auch tatsächlich nicht passt, dass wir viel zu verschieden sind. Er versteht so vieles nicht. Hört sich alles an, versucht zu verstehen, doch seine Welt ist so anders als meine. Aber ich will, dass er versteht, und ich will, dass ich das Gefühl habe, er versteht. Ich will, dass einmal alles heil, alles glücklich ist, und darum schiebe ich sämtliche Zweifel immer wieder fort. Und es gelingt mir leicht, denn so vieles ist schön und so vieles ist wunderbar und so vieles wird immer besser und vielleicht brauchen wir auch nur ein wenig mehr Zeit.

Julie hört zu, sammelt mich auf, macht Pläne, wird einmal in der Woche mit mir kochen. Einmal in der Woche etwas Warmes essen sei doch nicht schlecht, oder? Okay, ich mache alles mit. Ich muss aufstehen, immer wieder aufstehen.

Und am nächsten Tag dusche ich, lackiere mir die Nägel, frühstücke, kaufe mir neue Anziehsachen, mache meine Wohnung sauber und schaffe es sogar, etwas zu kochen. Alles ist eine riesige Anstrengung, aber ich schaffe es, ziehe es einfach durch – nicht nachdenken jetzt – und auch, wenn ich tausendmal dabei das Gefühl habe, zu dick zu sein, ich mache weiter, und es geht, ich kann wieder gehen, immer ein Stück vorwärts gehen.

Ich kann nicht einen Tag ohne Lebensmittel im Haus sein, auch wenn ich sie nicht esse. Ich brauche immer die Möglichkeit, alles essen zu können.

Ich telefoniere häufig mit meinem Bruder. Es tut gut, über manche Dinge mit ihm zu reden, manche Kindheitserinnerungen noch klarer zu kriegen. Jetzt, da es ihm wieder besser geht, ist er tatsächlich eine Familie für mich.

Dann ist tatsächlich ein Therapieplatz frei. Gruppentherapie. Ich weiß nicht, ob ich hingehen soll. So schlecht geht es mir doch nicht, mir geht es doch schon viel besser. Tatsächlich habe ich Angst vor der Gruppe. Angst, dass die anderen dort dünner sind als ich, Angst, dass es denen schlechter geht, Angst auch, dass mir dort genommen wird, was ich noch an meiner Krankheit habe. Sicherheit. Alle Rückfälle in mein krankhaftes Essverhalten haben doch nur diesen einen Grund: Sicherheit. Und Zugehörigkeit. Ich will nicht von dieser Krankheit lassen, weil sie mir gehört.

Als ich dann doch in der Gruppe sitze, komme ich mir meilenweit entfernt vor. Ich passe hier nicht. Ich bin anders, immer bin ich anders. Ich erzähle viel, aber wenig von mir.

Ich koche mir nichts Warmes, weil ich mir einrede, ich hätte es nicht verdient, mir für mich selbst so viel Mühe zu geben.

Es ist schwierig, mit Thomas zusammen einzukaufen. Einkaufen allein ist schon schwierig genug, Supermärkte reiben meine Nerven auf. Zu viel Auswahl. Nährwerttabellen überall. Bin ich eine Weile herumgerannt, weiß ich nicht einmal mehr, worauf ich ursprünglich Lust hatte. Manchmal will ich vernünftig sein, dann kaufe ich Essen, von dem ich denke, dass ich mich daran gewöhnen muss, es wieder zu essen. Vollmilchjoghurt. Hinterher werfe ich ihn weg. Bin ich mit Thomas im Supermarkt, versuche ich, einen möglichst normalen Eindruck zu machen, traue mich nicht, Lebensmittel mit wenig Fett zu kaufen. Albern sind Mädchen, die abnehmen wollen. Albern sind Mädchen, die Diät-Joghurt kaufen. Ich fühle mich denen nicht zugehörig, ich bin kein Diät-Mädchen. Manchmal stehe ich heulend im Supermarkt, fast kann ich fühlen, wie meine Nerven bloßliegen, kann fühlen, wie ich ganz verletzlich werde. Manchmal reicht eine Frage von ihm – »Welchen Käse möchtest du?«, »Wollen wir heute Spaghetti kochen?« –, um mich zu lähmen, um dort zu treffen, wo ich nichts mehr entscheiden, nichts mehr sagen, nichts mehr wissen kann. Wochenmärkte sind keine Alternative. Hinter mir die Schlange von Menschen, wenn ich mich nicht entscheiden kann. Manchmal komme ich mir vor wie eine Behinderte, wenn ich losgehe, um Essen zu kaufen. Essbehindert.

Aber im Laufe der Zeit erkläre ich Thomas mehr und mehr, und er versteht, versteht immer mehr, er gibt mir alle Zeit der Welt, ich brauche mich nicht seinetwegen zu beeilen, und ich kaufe Magerquark und er kauft Butter, und beides ist in Ordnung, und wir schieben gemeinsam den Einkaufswagen, dessen Inhalt aussieht, als könne sich jemand nicht zwischen Festessen und Frühjahrsdiät entscheiden.

Manchmal bin ich so glücklich mit ihm, dass ich mir kaum vorstellen kann, wie es ist, unglücklich zu sein. Bis ich wenige Stunden später wieder am Boden liege.

Wir liegen auf der Wiese, ein wenig fliegend von der Sonne, dem Dope, der Wärme. Über uns der blaue Himmel. Viel zu blau. Sommerkindermärchenblau. Du liegst neben mir auf der Decke, wir schauen in den Himmel, ich sehe Wolken vorüberziehen, die doch gar nicht da sind, denn der Himmel ist heute unbegrenzt. Ich bin betäubt davon, wie sehr er strahlt, betäubt von dem Duft, den er ausstrahlt, oder sind es die Bäume, der Kanal, die Wiese, die Blumen, die Stadt? Ich möchte dir das alles erzählen, möchte es mit dir teilen, dir sagen, wie schön es ist und blau und weit und duftend. Aber ich merke, dass du es schon weißt, dass du neben mir liegst und es genau wie ich entdeckt hast, und plötzlich spüre ich, dass du ein Teil davon bist, dass dein Geruch und dein Atem und deine Wärme zu der Welt dazugehören, die mich umgibt. Am liebsten würde ich dir das jetzt sagen, aber merke, dass das nicht möglich ist, weil ich auf einmal nicht mehr reden kann, aber ich glaube, dass du verstanden hast, dass du weißt, was gerade passiert, und dass ich dich liebe. –

Irgendwann holst du dein Buch aus dem Rucksack, drehst dich auf die Seite und fängst an zu lesen. Ich höre, wie du die Seiten umblätterst, es fügt sich ein in die mich umgebende Geräuschkulisse, mein persönliches nachmittägliches Exklusivhörspiel. Ich rolle mich auf den Bauch und lege meinen linken Arm über deine Hüfte, so dass meine Hand den weichen Erdboden berührt. Wenn du einatmest, bewegt sich mein Arm gleichmäßig nach oben und meine Hand verringert den Druck auf die Erde, um ihn bei deinem Ausatmen wieder zu verstärken. Wenn ich mir vorstelle, dass mein Arm stillsteht, fühlt es sich an, als atme die Erde. Ein und aus und ein und aus. Atmende Muttererde.

Aber die Depressionen gehen nicht dauerhaft fort, völlige Erstarrtheit, keine Perspektive, sehe keinen Sinn mehr darin, zur Uni zu gehen, ich werde doch nichts Besonderes werden, ich werde gar nichts werden, möchte auch nichts werden, möchte überhaupt nichts. In mir nur noch Leere, Sehnsucht nach meinem Messer, etwas muss mir den Schmerz nehmen, ich muss mich fühlen. Ich stecke nicht in meiner Haut, mein Körper ist nicht ich selbst, ich bin nicht da, da ist nur ein großer, weiter, leerer Raum, den zu durchqueren durch Watte führt, der aus Schweigen, aus ratlosem Schweigen besteht und der unendlich ist.

Wieder spreche ich mit niemandem, auch nicht in der Therapie, weil niemand mich verstehen würde, ich habe die Sprache für mich verloren. Keine Sprache, um mich auszudrücken.

Die Depression bedroht unsere Beziehung. Die Angst frisst die Liebe auf. Und ich werde schuld sein, wenn alles kaputtgeht. Ich werde schuld sein. Immer die Furcht, er würde völlig verschwinden, wenn er nur eine Weile allein sein will. Dazu meine eigene Unfähigkeit, mich zurückzuziehen, weil ich befürchte, dann nicht geliebt zu sein. Angst an allen Fronten.

Dann kommt Thomas nach Berlin und wir ziehen zusammen, zuerst noch mit seiner Schwester, meiner Freundin. Nicht einfach. Das besagte Zusammenkochen. Ich fühle mich beobachtet, kontrolliert. Möchte beweisen, dass ich normal bin, will kein Problem sein, will nicht auffallen, nicht belasten. Dafür tue ich mir selbst weh, esse mehr, als ich möchte, als meine Angst verkraften kann, spare vorher wieder Mahlzeiten ein, bringe meinen Körper völlig durcheinander. Hier habe ich nicht mehr die Kontrolle über was und wie und wo, über wie viel Öl, über Käse in der Soße oder Pinienkerne im Salat. Und ich werde beobachtet, ich kann den Käse nicht abpulen wie in der Mensa, das Öl am Salatblatt nicht in meine Serviette wischen. Ich werde gesehen, und sie werden wissen, dass ich nicht dazugehöre. Nicht dazugehöre zur Welt der käseessenden Menschen.

Behaupte, schon satt zu sein, als die anderen kochen wollen, und sitze nun in meinem Zimmer, schneide mir in den Arm vor lauter Verzweiflung über meine Unfähigkeit, vor lauter Wut über mich selbst, weil es natürlich nicht stimmt, ich bin hungrig, aber ich will jetzt nicht kochen, nicht spontan, nicht einfach so. Ich habe schlicht und einfach Angst. Ich wollte mir heute Abend einen Salat machen, wie können die anderen plötzlich Nudeln kochen? Und so sitze ich da, rieche das Essen, und mein Magen krampft sich zusammen, kann den Hunger nicht leugnen, das erniedrigt mich noch mehr, aber meine Angst ist größer, und ich heule und schneide und rolle mich auf dem Fußboden zusammen wie ein kleines Kind, wie ein zusammengekehrtes Stück Dreck.

Irgendwann kommt Thomas und schaut nach mir, aber er findet mich nicht, er findet einen Haufen Abfall am Ende der Welt. Und den hebt er auf, erkennt in ihm seine Freundin und macht mir begreiflich, dass sie mich genau so wollen, wie ich bin, mich genau so mögen, hier darf ich so sein, hier darf ich den Käse vom Auflauf pulen oder gleich auf Auflauf ohne Käse bestehen, zumindest in einer Ecke, die mir gehört. »Wir essen lieber Nudeln ohne Öl, als dass du unglücklich bist.« Ich bin genauso wichtig wie alle, ich muss nichts leisten, muss nicht funktionieren, um es wert zu sein, mit ihnen zusammen zu wohnen. Ich bin geliebt, auch ohne Käse, ohne Öl, auch mit rigiden Plänen, mit Verzweiflung, mit halb vollem Teller. Das bringt mich gleich noch einmal zum Heulen. Es ist so ungewohnt, einfach da sein zu können, nicht spielen zu müssen, sich nicht entschuldigen zu müssen. Ich kann noch nicht glauben, dass dies mein neues Zuhause ist.

Andauernde Stimmungsschwankungen. Das Grundgefühl, zu dick zu sein bleibt, aber manchmal hat es weniger zu sagen, manchmal darf es nicht den ganzen Tag bestimmen.

Ich kann immer noch nicht akzeptieren, dass ich eine Frau bin. Habe Probleme, Röcke zu tragen, weit Ausgeschnittenes. Denke, man sieht mir an, dass ich das doch eigentlich nicht darf, denke, man lacht über mich, weil ich mich verkleidet habe.

Ich beginne wieder jeden Morgen joggen zu gehen, um mir zu helfen, regelmäßig zu essen. Es ist wie eine neue Sucht. Schaffe ich es einen Tag nicht oder bin krank, fühle ich mich den ganzen Tag über unwohl. Kein Frühstück im Bett mehr möglich. Manchmal hasse ich mich selbst für die Regeln, die ich aufstelle und die ich dann befolgen muss. Immerhin sind es gesündere Regeln als während der akuten Magersucht. Denke ich. Rückblickend werde ich merken, dass hier schleichend eine zweite Phase beginnt, die sich noch länger hinziehen wird als die erste Phase, mit noch schwerwiegenderen Folgen.

Denn jetzt beginne ich endgültig über Jahre hinweg am Limit zu leben, gerade genug zu essen, um zu überleben, gerade genug, um zu funktionieren, um zu studieren, um nicht in eine Klinik zu müssen. Raube meinem Körper jegliche Kraft. Niemand sagt mehr, ich sähe völlig krank aus, aber ich verliere Haare, ich bin oft erkältet, mein Hormonhaushalt gerät vollends durcheinander, mein Herz verlangsamt sich. Ich müsste nicht zum Orthopäden gehen, um zu wissen, dass meine Knochendichte sich verringert hat, ich weiß das alles, ich kenne die Literatur. Aber davon wird nichts besser. Ich schaffe es nur, die Grenze zur Klinikeinweisung nicht zu überschreiten, aber ich schaffe es nicht, mich mal auszuruhen, nicht zu joggen, nicht gesund zu essen, einmal nicht ans Essen zu denken.

Die anderen sehen nur, dass ich auf dem Weg der Besserung bin, dass ich ein Zuhause habe, eine gute Beziehung, ein gesünderes Essverhalten. Das stimmt auch. Ein Teil von mir wird immer sicherer, kennt sich immer besser in der Welt aus und kann sich und die anderen immer besser überzeugen, dass alles in Ordnung ist. Immerhin: Je sicherer ich mich in der Welt fühle, desto klarer wird mir zumindest, was ich beruflich will, ich wechsle den Studiengang und studiere Psychologie.

Aber immer häufiger wünsche ich mir, mich zurückfallen lassen zu können in die Krankheit: nicht mehr jeden Tag dagegen angehen, mich zu überzeugen versuchen, dass ich leben, dass ich essen will. Wieder glauben, dass es das alles nicht gibt: Liebe, Schönheit, Glück, ein erfülltes Leben. Gleichgültig sein, auch dem Schmerz gegenüber, nicht glauben, nicht kämpfen, nicht essen müssen. Resignation, Sicherheit und Tod.

Hin und her und hin und her.

Ich mag meinen Körper gern, wenn. Wenn wenn wenn. Wenn ich jeden Tag jogge. Wenn ich nicht nasche. Wenn ich wenig esse. Wenn ich wenig Alkohol trinke. Wenn ich mich eben ständig und vollständig unter Kontrolle habe. Das Essen beherrscht sämtliche Lebensbereiche. Irgendwo der quälende Gedanke: Ich könnte loslassen, wenn ich nur wollte. Aber noch will ich nicht. Noch bin ich ohne dies nicht sicher genug. Ich will nicht normal sein.

Dann wieder Entspannung, ich kann im Café sitzen und Kaffee trinken, kann ab und zu ohne größere Dramen einkaufen gehen, schaffe es, für mich zu sorgen. Vielleicht nicht immer gut, aber ich schaffe es. Lebe doch. An solchen Tagen kann es vorkommen, dass ich morgens vor dem Spiegel stehe und mich wohl fühle. Es ist unabhängig von meinem tatsächlichen Gewicht. Es ist neu und tut verdammt gut.

Schaffe es auch, mich meinen Eltern zu nähern, meine Mutter anzurufen, eine Karte zu schreiben. Es wird niemals einfach sein, aber manchmal habe ich die Hoffnung, dass es auch nicht mehr vollkommen festgefahren sein muss. Und ich glaube tatsächlich, dass meine Eltern mich lieben. Was mich glücklich macht. Aber kaum fühle ich die Erwartung, dass jetzt »alles wieder in Ordnung ist«, fühle ich mich ausgeliefert, ziehe ich mich augenblicklich wieder zurück.

Ich beschließe, in den Urlaub zu fahren, ganz allein. Ohne Thomas, ich will diesen Schritt ohne Hilfe schaffen. Fünf Jahre bin ich nicht im Urlaub gewesen, immer wieder gute Gründe, aber der eine Grund war der: Ich hatte Angst. Denn dort weiß ich nicht, was es zu essen gibt, dort kann ich morgens kein Müsli essen, dort kann ich nicht joggen gehen, dort kommen unabsehbare Dinge auf mich zu. Ich habe Angst vor diesem Urlaub, aber ich will die Angst herausfordern.

Rom, Circus Maximus. Ich bin in Italien, fahre durch das Land, ohne morgens zu wissen, wo ich abends lande. Hier sitze ich, Hunderte von Kilometern von meinem Zuhause, von Thomas entfernt, niemand weiß, wo ich mich gerade befinde, Freiheit, dieses Nicht-wissen-können um mich. Rundherum braust die Stadt. Menschen, deren Sprache ich nicht verstehe, spielen mit ihren Hunden, Kinder kicken zerfetzte Fußbälle durch das Gras, Väter schieben Kinderwagen über die ausgetretenen Wege. Ich spüre die Sonne auf meinem Gesicht, die Strahlen wärmen mich, mitten im Februar wärmende Sonnenstrahlen auf meinem Gesicht. Es riecht nach Gras, nach Großstadt und nach Frühling. Und auf einmal fühle ich mich versöhnt mit mir.

Ich werde leben, das weiß ich jetzt, in diesem Moment fühle ich es intensiv wie nie zuvor, kann mich einen Moment lang ganz spüren. Und darum kann ich aufstehen und gehen, in der Abendsonne mache ich mich auf den Weg zur Metro. Ich sehe meinen Schatten. Die Beine werden in die Länge gezogen, verzerrt von einer Sonne, die immer tiefer sinkt. Dünne Beine. Fast sehen sie aus wie Stelzen. Aber es sind keine Stelzen. Für diesen Moment sind es keine Stelzen. Die Beine gehören zu mir. Mein Kopf schwebt nicht in den Lüften, bewusst mache ich einen Schritt nach dem anderen. Meine Beine tragen mich. Dies könnte das Happy-End sein.

Einige Monate später: Beginne wieder mit blödsinnigsten Verhaltensweisen. Brot schmieren, einmal abbeißen, wegschmeißen. Dinge nicht essen, bis sie schlecht sind. Keine Vollmilch trinken können, lieber warme, fettfreie H-Milch kaufen. Nicht kochen können.

Ich schmeiße die Gruppentherapie, sie bringt mich nicht weiter, kommt gar nicht an mich heran, weil ich es zu verhindern weiß. *Lasst mir doch mein Eigenes, lasst mir doch mein kleines Essproblem, ich verspreche euch, auch so zu funktionieren, keinen Ärger zu machen.* Und so geht es lange Zeit und ich nehme wieder ab ab ab, *aber es geht mir gut, es geht mir so gut, also sprecht mich nicht darauf an, wenn ihr es dennoch tut, habe ich beruhigende Erklärungen in der Tasche.* Der Punkt, vor dem ich immer davonlaufe: das Aufgeben meines Glaubens an absolute Autonomie und an das Ideale, den idealen Körper, das ideale Leben. Dieser Glaube hält mich, trägt mich, strukturiert mein ganzes Leben. Ihn aufzugeben bedeutet, so fürchte ich, mich selbst aufzugeben.

Mit dem neuen Therapeuten, zu dem ich gehe, werde ich genau auf diesen Punkt stoßen, er wird genau zu dem dringen, was ich immer noch nicht wahrhaben will.

Was ich auch nicht wahrhaben will: wie schwierig die Kommunikation mit Thomas ist. Wir reden immer mehr aneinander vorbei. Er hört mir zu, er antwortet, aber er versteht mich nicht. Wo ich den Boden unter den Füßen verliere, wo ich schneide und sterbe und mich in mir selbst erschöpfe, da findet er Gott, da findet er Sinn. »Aber begreifst du denn nicht, dass es Momente gibt, in denen alles verschwindet, alles?« Er begreift es nicht, weil er solche Momente nicht kennt.

Verhaltensweisen schleifen sich ein. Im Sommersemester habe ich noch Müsliriegel gegessen, jetzt teile ich mir drei Löffel Quark und eine Banane für den ganzen Uni-Tag ein. Sage: »Nein, ich gehe nicht in die Mensa«, setze mich in den Flur, versteckt hinter eine Säule und esse langsam, ganz langsam meine Löffel. Eins, zwei, drei. Ich könnte doch noch einen ... Nein, drei Löffel reichen. Den Quark, Fitness-Quark mit 0,2 Prozent Fett, aber mit Früchten, habe ich mit fruchtlosem Magerquark gestreckt, das senkt die Kalorien um einiges, schließlich ist die Fruchtzubereitung voller Zucker. Und dann die Zeitung lesen, um mich abzulenken, bis das nächste Seminar anfängt, während des Seminars kann ich nicht essen, kann überhaupt nicht essen, wenn ich beobachtet werde, also habe ich wieder zwei Stunden, die ich ohne Essen herumbringe, denke die ganze Zeit an meine Banane, ich sehe sie schon in meiner Tasche liegen, noch eine Stunde, noch eine drei viertel, gleich ist es vorbei. Dann wieder eine ruhige Ecke suchen, niemand darf mich essen sehen, so peinlich. Ich schäle die Banane und esse sie langsam, ganz langsam, eine ganze Banane, bin ich verrückt, 200 kcal, aber ja fast fettfrei, insofern ist es in Ordnung, es ist in Ordnung, ganz ruhig. Dann noch ein Seminar, und abends nach Hause: »Oh, ich bin so satt, habe heute in der Mensa so viel gegessen, ich mache mir nur einen Salat.« Es fängt wieder an, ich bin schon wieder mittendrin.

Nehme ab und ab und ab. Der Winter wird immer kälter.

Ich ziehe mit Thomas in eine eigene Wohnung, weg von seiner Schwester. Jetzt tatsächlich ein Pärchen-Leben, es macht mir Angst. Wochenlang traue ich mich nicht, Nägel in die Wand zu schlagen. Kann ich hier endgültig angekommen sein? Ich fühle mich gefangen. Ist diese Beziehung richtig? Sie fühlt sich falsch an, aber ich traue mich nicht, darüber nachzudenken.

Es ist doch alles so harmonisch, Thomas hat doch für alles Verständnis, nimmt mich doch so, wie ich bin. Aber er setzt mir auch nichts entgegen. Wir setzen uns nicht auseinander, wir ziehen uns jeder in seine Welt zurück und tun uns nicht weh, und wenn ich das nicht aushalte und ihn verletze, weil ich eine Reaktion brauche, weil ich Widerstand brauche, weil ich jemanden brauche, der da ist, dann hat er auch dafür Verständnis. Ich schreie: »Du machst mich wahnsinnig aggressiv!«, er, besänftigend: »Das tut mir leid.«

Er wartet darauf, dass ich so werde wie er, dass ich in seine Welt eintrete, und seine einzige Erklärung für mein Verhalten ist, dass ich noch nicht dort angekommen bin. Ich habe es so satt, ich kenne es so gut: Irgendwann wirst du die Konfirmationskette mögen.

Ich werde niemals so werden.

Ich weiß nicht mehr, was ich will, das Nichtessen gibt mir Sicherheit. Dennoch immer der Gedanke, dass ich es doch aufgeben muss, dass ich doch »gesund« werden will. Aber er wird immer schwächer, im Grunde bin ich froh, da, wo ich bin. Teile die Tage in Abschnitte, mein ganzes Leben in Abschnitte, gegliedert von Mahlzeiten. Laufen gehen, duschen, Frühstück. Lernen. Eine Flasche Diät-Limo, 3 kcal pro 100 ml. Lernen. Ein Salat mit selbst gemachtem Dressing, fettfrei. Lernen. Eine Schale Weintrauben. Lernen. Diät-Limo, hastig heruntergetrunken, inzwischen schreit mein Körper nach Nahrung, nach richtiger Nahrung. Lernen, eine halbe Stunde, dann halte ich es nicht mehr aus. In die Küche gehen, ein Brot mit Käse belegen (ohne Butter, Butter unvorstellbar). Abbeißen, kauen, einmal, zweimal, Angst bekommen, es wegspucken in den Müll. Das angebissene Brot liegen lassen, zurück zum Schreibtisch. Lernen, ich kann mich nicht konzentrieren. E-Mails schreiben, ich kann mich nicht konzentrieren. Wieder in die Küche gehen, den Käse vom Brot nehmen, Brot abbeißen, kauen, runterschlucken. Noch einen Bissen. Das reicht. In mein Zimmer gehen, telefonieren. Tee kochen, wieder in der Küche. Das Brot aufessen. Später noch ein halbes Brot essen, ohne Käse, Thomas zuschauen, wie er einen Topf Nudeln kocht, mit Olivenöl begießt und aufisst. Noch einen Apfel essen, einen großen Apfel. Später dann ins Bett. So bereite ich mich auf mein Vordiplom vor.

Man macht sich wieder Sorgen um mich, Julie bringt mir Sondennahrung mit, will sie mich verarschen? Sie meint es ernst. Ich sehe überhaupt nichts ein, werde wieder alleine in den Urlaub fahren, nach Schweden (und mich dort zwei Wochen lang nur von fettfreiem Joghurt und Knäckebrot ernähren). Ich bin nicht zu dünn, was soll das?

So geht der Sommer weiter, ich werde immer dünner, aber hey, es ist Sommer, mir ist nicht einmal besonders kalt. Aber ich halte mein Leben nicht aus, betrinke mich am helllichten Tag, Thomas ist nicht da, ich sitze mittags allein in meinem Zimmer und trinke Wodka-O-Saft beziehungsweise Wodka-Diät-Orangenlimo, ein Glas, zwei, drei. Dann ist die Welt wieder einfach und der Hunger weg. Zwischendurch lerne ich, die nächsten Prüfungen, es ist sauheiß, ich trinke Diät-Limo mit Eiswürfeln, Sternchen-Eiswürfel, fast ist es wie eine Mahlzeit herzurichten, wenn man die Eiswürfel aus dem Eisfach nimmt, sie in das Glas tut, die Limo eingießt. Ein Strohhalm ist wie ein Löffel.

Dann wieder Angst. *Anfangen mit Essen. Sofort.* Ich habe Angst, niemals Kinder bekommen zu können, mein Leben zu ruinieren, mein Gehirn. Aber ich schaffe es, nicht zu essen.

Bei der Therapie: »Und was meinen Sie, wo das hinführen wird?« Achselzucken. »Na, Sie wissen es doch!« Plötzlich steht es wieder im Raum: Klinik. Wenn ich so weitermache, muss ich wieder in eine Klinik. Ich bekomme Angst, plötzlich kann das Leben so anders sein, ich nicht mehr stark, lernend, laufend, verdrängend, mich auf Prüfungen vorbereitend, sondern scheißkrank und klein in einer Klinik. Ich will nicht. »Ich will nicht.« Option: Mir eine Waage kaufen, mein Gewicht kontrollieren, zweimal in der Woche zur Ärztin gehen, mich auch dort wiegen lassen, damit ich nicht betrüge, regelmäßig mein Blut untersuchen lassen, meinen Urin (auch das, damit ich nicht betrüge), wissen, dass ich wieder in der Klinik bin, wenn ich unter 50 Kilo falle. Momentan 52 Kilo. Also anfangen. In Ordnung. Mir bleibt nichts anderes übrig.

Ich schmeiße alles in meinem Zimmer weg, was ich nicht brauche, kistenweise Müll, alte Anziehsachen, Erinnerungen, Fotos, Krimskram. Will alles neu, alles anders, will jemand anderes sein.

50,8 Kilo. Ich liege im Bett, meine Temperatur schwankt zwischen Fieber und Hypothermie, irgendetwas ist nicht in Ordnung, auf jeden Fall kann ich nicht aufstehen. Und ich bin fett. Thomas schleppt mich mitten am helllichten Tag auf die Waage, um mir das Gegenteil zu beweisen, was eine beschissene Idee ist, denn natürlich zeigt sie viel mehr an als noch am Morgen, das ganze Wasser, das ich in mich reinschütte, und meine Klamotten, aber ich schreie ihn an – »Siehst du, ich bin fett, fett, fett!« – und er weiß nicht mehr, was er sagen soll.

Ich werde bestimmt verrückt, ich bin zwei Personen, freue mich am Leben zu sein, stehe auf unserem Balkon und freue mich über den Spätsommer und die reifen Tomaten und den Autolärm, freue mich zu leben. Ein paar Stunden später: Warum sterbe ich nicht einfach? Ich werde bestimmt verrückt, das ist ganz klar. Fürchte jetzt um mein Leben und sehne gleichzeitig das Ende fast herbei.

Es geht den ganzen Herbst so weiter, es geht die Adventszeit über so weiter, es geht Weihnachten so weiter (nein, nicht ganz, am Heiligabend esse ich ein Stück Schokolade und es fühlt sich wie etwas völlig Fremdes an, hatte ich doch schon wieder völlig vergessen, wie Schokolade eigentlich schmeckt) und Silvester habe ich einen Kreislaufzusammenbruch. Der Arzt kommt, Notfallarzt, Blutdruck zu niedrig, klar, ich habe Angst zu sterben, ich sage ihm, ich habe Angst zu sterben, er lacht, an einem niedrigen Blutdruck stirbt man nicht, ich bin anorektisch, sage ich, ich habe Angst, dass mein Körper kaputt ist, er hört nicht, verschreibt mir Kreislauftropfen, ich soll aufstehen, aber ich kann nicht, ich habe solche Angst zu sterben.

Ich werde mein Leben ändern, hier beschließe ich, ich werde mein Leben ändern, liege im Bett, zu ängstlich, um aufzustehen, schneide mir andauernd in den Arm, aber ich werde mein Leben ändern, ich habe Angst zu sterben, ich mache jetzt alles anders, jetzt ist der Anfang.

Ich gehe nicht mehr zum Wiegen, ich gehe nicht mehr zum Blutabnehmen. Ich bin jetzt jemand anderes. Manchmal bin ich das tatsächlich. Mit Thomas im Liquidrom, Musik unter Wasser, und ich entspanne mich, entspanne mich tatsächlich, kann meinen Körper annehmen, unglaublich, er ist noch da.

Das Jahr geht dahin, im Grunde ändert sich nichts. Äußerlich verläuft mein Leben erfolgreich, ich mache mich gut in der Uni, ich werde noch einmal für die Studienstiftung vorgeschlagen und dieses Mal genommen, ich habe Freunde, ich habe Thomas, ich komme mit meinem Leben zurecht. Und wie geht es mir? Phasenweise fühle ich mich tatsächlich glücklich, aber der Grundzustand bleibt doch Spannung, so selbstverständlich schon, dass ich sie nur noch selten hinterfrage. Das kontrollierte Essverhalten? Völlig normal inzwischen, mein Leben ist darauf abgestimmt, Thomas ist darauf abgestimmt, fahre ich einmal weg, nehme ich mein Müsli, meine Magermilch, meine Joggingklamotten mit, denke gar nicht mehr darüber nach, dass es auch anders ginge, es ist doch selbstverständlich, gehört doch zu mir. Mein ständiger Kampf gegen meinen Körper, mein ständiger Streit mit ihm, er ist nicht ich, wir kämpfen gegeneinander, er bestraft mich durch Krankheit, ich gebe ihm nicht, was er braucht. Völlig normal schon, zu braten ohne Öl, bis der Boden der Pfanne fast abgekratzt ist von allem, was anbrennt, völlig normal schon, dass ich mit Thomas keine gemeinsamen Mahlzeiten einnehme, völlig normal schon ein Leben ohne Butter, ohne Milchkaffee, ohne Kuchen. Denke nicht darüber nach, ob ich ein Stück Kuchen, eine Einladung zum Essen ausschlagen soll, es ist selbstverständlich, dass ich es tue, denn das wäre doch nicht ich, das wäre doch nichts, was ich täte. Ich habe mich arrangiert in diesem meinem Magersuchtsleben auf relativ hohem Niveau. Ich wiege mich regelmäßig, halte ein geringes Gewicht, bleibe bei 52 Kilo, manchmal 53, mehr darf es nicht werden, immer noch im Diagnosebereich Anorexie.

Dauerhaft ist die Spannung nicht auszuhalten. Dann Ausbrüche von Verzweiflung, die mich selbst und Thomas zu Tode ängstigen, dabei entstehen sie doch schon aus Angst vor mir selbst, was tue ich mir an, klarer Einblick dann, dass dies nicht mein Leben sein kann, ich muss etwas tun, das Gefühl, immer wieder gegen dieselbe Wand zu laufen, ich bin 24 Jahre alt und verbringe Nachmittage damit, von meinem Zimmer in die Küche in mein Zimmer zu pilgern, weil ich nicht weiß, was ich essen soll, weil ich nicht weiß, ob ich essen soll, weil ich mich nicht traue, etwas zu essen, dabei habe ich Hunger oder auch nicht oder auch doch, das muss aufhören, ich denke an meine Kindheit, als ich Tee getrunken habe mit Honig und Kandis und Milch und einer Sahnehaube, als ich noch nicht wusste, wie viele Kalorien in einem Teelöffel Honig sind und welche Fettklassen von Milch es gibt und wie fett, wie unglaublich fett Sahne ist, ich denke daran und könnte heulen darüber, was aus mir geworden ist, ich renne im Kreis umher und bewege mich nicht, ich bekomme ein Adventspäckchen und esse nichts davon, das kann so nicht weitergehen, ich weiß, es wäre nicht gefährlich, ich weiß doch, aber ich kann es nicht essen, stehe da mit einem Lebkuchen in der Hand und *kann ihn nicht essen.* Ich fürchte mich vor mir selbst.

Dann oft nur noch das Messer oder Glasscherben inzwischen, die tiefer schneiden, mehr Blut hervorbringen, Schneiden und Schreien und Thomas in den Wahnsinn treiben oder etwas essen und dann durchdrehen, es unbedingt auskotzen wollen, aber ich kann doch nicht kotzen, heulend im Badezimmer, mit dem Kopf gegen die Wand schlagend oder mit den Armen, es soll nur wehtun, das Essen muss raus, Thomas, das Essen muss wieder raus, er daneben, ratlos, ich verliere den Verstand, ich werde fett fett fett. Immer wieder Gedanken an Selbstmord, manchmal beginne ich an der Unterseite der Arme zu schneiden, die Pulsadern pulsieren, neues Terrain, sehe meine Arme, die Scherbe, es ist nicht mein Körper, es ist alles so weit weg, ich fühle nichts, sehe nur das Blut, was mich wieder atmen lässt, atmen, zu mir kommen, ruhig werden. Dann nachrechnen, so viel habe ich heute gar nicht gegessen, Besänftigung. Wenn ich nicht nur Fett rechne, sondern alle Kalorien, ist jedes Glas Saft eine Mahlzeit, aber ich halte mich, halte mich auf der kleinstmöglichen Schwelle, ich muss nicht in die Klinik. Manchmal weiß ich nicht, ob das richtig ist, denke, ich bin nur feige, stelle mich einer Klinik nicht, weil ich Angst habe, mich zu ändern, was soll die Therapie, vielleicht habe ich es von vornherein falsch gemacht, vielleicht hätte ich eine Verhaltenstherapie machen sollen, vielleicht brauche ich einfach nur jemanden, der mir einen Plan macht und mich zwingt zu essen, vielleicht wäre das die Lösung, mich einfach zwingen. Bin davon überzeugt, dass es eine richtige Lösung gibt, ich sie nur noch nicht gefunden habe, es ist Schwachsinn, jede Lösung, jede Therapie kann richtig oder falsch sein, aber ich klammere mich daran, dass es doch irgendetwas geben muss, etwas, das außerhalb von mir selbst liegt, will nicht einsehen, dass die Lösung immer nur in mir selbst sein kann, ich will, dass mich jemand gesund macht, ich kann nicht akzeptieren, dass niemand das kann, dass ich mich einfach entscheiden muss, essen zu wollen.

Ewigkeiten verbringe ich in Essgestörten-Chatforen im Internet, ich schreibe niemals etwas, lese nur, ich brauche das Gefühl dazuzugehören. Lese mit Interesse die Essenspläne der anderen Mädchen, essen sie weniger als ich (was die meisten tun, sie sind noch akut drin, sie sind noch vor ihrem ersten Klinikaufenthalt), bekomme ich ein schlechtes Gewissen, essen sie mehr, bin ich erleichtert. Ich will dazugehören, will irgendwo dazugehören.

Oder surfe zu Seiten, die an gestorbene Magersüchtige erinnern, lese die Geschichten, schaue die Namen an, als würden sie etwas sagen, suche nach Lukas und finde ihn nie. Wache dann irgendwann auf wie aus einem Traum, bin nicht mehr ich, fühle mich nicht mehr, mein Leben scheint irreal, weit entfernt von der Wirklichkeit.

Nehme mich selbst absurd wichtig, im Grunde interessiert es niemanden, ob ich esse oder nicht, im Grunde ist es tatsächlich vollkommen uninteressant.

Ich trenne mich von Thomas. Er sagt mir nichts mehr. Lange habe ich gezögert, weil ich nicht weiß, ob es an mir liegt, an meinem Körper, an meiner Krankheit, oder tatsächlich an uns beiden als Paar. Vielleicht fehlen mir die Hormone, vielleicht will ich mich nicht auf jemanden einlassen, meine Autonomie auch nur ein Stück weit aufgeben, vielleicht habe ich einfach nur Angst. Vielleicht ist Thomas aber auch tatsächlich nicht der Richtige, vielleicht passen wir nicht zusammen, vielleicht brauche ich kein Meer aus Rücksicht, sondern ein Gegenüber.

Nach über vier Jahren wieder allein, ich ziehe um, jetzt muss ich für mich selbst sorgen, ich habe die Wahl, ich kann verhungern oder mich um mich kümmern. Nach einem Streit mit meinem Therapeuten entscheide ich mich aus Wut auf ihn noch einmal, einmal mehr für das Michkümmern. Er kann mir nicht helfen, niemand kann mir helfen. Zur Abwechslung ist es konstruktive Wut, richtet sich nicht gegen mich selbst, sondern ich verwende sie, um Eis zu essen, um Butter aufs Brot zu schmieren, um zu leben. Das wäre ja wohl gelacht, wenn ich es nicht könnte.

Es funktioniert, eine Woche lang, zwei, völliges Hochgefühl. Es bleibt nicht so, ich sinke wieder ab, ich raffe mich wieder auf, ich versuche es erneut, ich lasse mich wieder fallen, ich schneide mir in die Arme, ich höre nach ein paar Schnitten auf, es ist albern, ich kaufe mir Kekse, ich kaufe mir Diät-Limo, ich kaufe mir Butter, ich kaufe mir Süßstoff, ich esse, ich esse nicht.

Wer bin ich? Scheißdiagnosen, ich bin dies alles hier und doch viel mehr. 10 % Mortalitätsrate, aber ich lebe noch. Ich lebe und ich will niemand anderes sein.

Nachwort
von Alexa Franke

Eine junge Frau, die uns nur ihren Vornamen verrät, hat ein Buch über sich und ihre Krankheit geschrieben. Über die Jahre, die sie damit verbracht hat, alles zu tun, um dünn zu werden und die Angst vor dem Zunehmen zu beherrschen. Dieses Buch zu lesen macht keinen Spaß, es ist alles andere als leichte Kost. Aber für jede und jeden, die oder der verstehen möchte, was in einem anorektischen Menschen zugeht, ist es absolut lohnend, denn Lena S. zeigt unerbittlich, wie eng die anorektische Welt ist und wie sehr sich die in ihr eingefangene Person quält. Immer wieder diese nervtötenden Gedanken um einen Teelöffel voll Kaffeesahne oder den Fettgehalt in der Halsschmerztablette, um die möglichen Folgen eines Joghurts oder die Gefahren, die von einem zuckerhaltigen Kaugummi ausgehen. Mehreren äußeren Veränderungen im Leben der Lena S. zum Trotz geht es irgendwie nicht weiter im Buch, immer wieder kreist es um die gleichen Themen, noch einmal und noch einmal ein Beispiel über die bizarre Ordnung in der Familie – morgens Mischbrot, abends Schwarzbrot und beim Milchreis erst die Kirschen, dann Zucker und Zimt – über Beziehungsschwierigkeiten und über Essen, Nicht-Essen, Wiegen, Abnehmen, Zunehmen, Backen, Wegschmeißen. Doch genau so ist die anorektische Welt: eng, in sich gefangen, erstarrt: »Wie könnte ich jemandem, der fragt, erklären, was das für eine Krankheit ist, in einem Satz, in einem Wort? Ein Wort nur fällt mir ein: Verneinung.« Diese zwei Zeilen sind für mich die zentrale Stelle des Buchs – besser, glaube ich, kann man Anorexie nicht erklären.

Und für diese Verneinung bringt Lena S. schonungslos Beispiele, schneidend scharf formuliert: »Als ich in der Wiener Oper sitze, überlege ich, was die dekadente Masse um mich herum wohl bewegt, hier hinzugehen.« Hier kann jemand nichts mehr zulassen, sich nicht einfangen lassen von Leichtigkeit, Schönheit und schon gar nicht von Überflüssigem oder Kitsch, alles Weiche, Gleitende, Schmeichelnde muss abgewehrt werden. Die Einsamkeit, die sich hinter der Fassade von scheinbarer Überheblichkeit und Arroganz verbirgt, wird beim Lesen geradezu körperlich spürbar.

Lena S.' Buch zeigt, wie massiv die eigene Identität bedroht ist, sobald die Enge des anorektischen Käfigs verlassen wird. Anorektische Menschen haben keine Identität ausbilden können, sie wissen nicht, wer sie sind, sie wissen nicht, wie sie sein wollen, können sich vom anderen nicht unterscheiden: »Mir wird immer mehr klar, wie häufig ich die Meinung meiner Mutter für die meine halte.« Die Welt, in der sie leben, ist so verworren, chaotisch, unverständlich und in den Grenzen verschwommen, dass nur das Sich-Zusammenziehen, der Weg in die Enge der Anorexie das Weiterleben ermöglicht. »Es ist bisher das Einzige in meinem Leben, wodurch ich es geschafft habe mich als eine eigenständige Person zu fühlen.«

»Auf Stelzen gehen« liest sich wie ein Lehrbuch zur Anorexia nervosa. Die Hausaufgabe für ein Seminar in klinischer Psychologie könnte darin bestehen, im Buch die Stellen herauszuschreiben, die die Leitsymptome der Anorexie umfassen – man würde sie alle finden. Sicher, als Psychologiestudentin wird Lena S. viele Bücher über Anorexie gelesen haben, und Skeptiker könnten die Authentizität ihres Berichts bezweifeln, könnten sich fragen, ob hier nicht jemand die Grenzen zwischen Erlebtem und Gelesenem nicht mehr auseinander halten kann. Ich kenne Lena S. nicht, aber ich kenne sehr viele anorektische Patientinnen und ich bin überzeugt, dass in diesem Buch nicht jemand Gelesenes mit eigener Fantasie ausgeschmückt hat, sondern dass Lena S. ihre ganz eigene Geschichte erzählt. Die Tragik liegt darin, dass diese Geschichte so vielen anderen Geschichten von jungen Frauen so täuschend ähnlich ist.

Warum Tragik? Tragisch ist am Verlauf der Anorexia nervosa, dass es sich bei den Betroffenen um junge Frauen handelt, die um ihre Identität kämpfen, die auf der verzweifelten Suche nach dem sind, wodurch sie sich von anderen unterscheiden, die etwas Besonderes sein wollen und sich vor Mittelmaß fürchten. Der Wunsch, besonders zu sein, ist ein existenzielles Bedürfnis jeder anorektischen Patientin – und je tiefer sie sich in die Störung verstrickt, desto weniger kann sie diesen Wunsch realisieren, desto mehr nähert sie sich der »typischen Anorektikerin«.

Was ist typisch an Lena S.? Nahezu alles. Sie war ein problemloses Kind, eine gute Schülerin, äußerlich gelingt alles, die Familienverhältnisse sind geordnet. Und plötzlich fängt sie an, nichts mehr zu essen. Zunächst will es niemand wahrhaben – sie selbst nicht, aber auch nicht die Eltern. Und nachdem klar ist, dass es sich um eine Erkrankung handelt, werden Erklärungen gesucht – irgendwie muss das Verhalten, das in dieser Bilderbuchfamilie fehl am Platz ist, doch erklärt werden können. Und was macht Lena? Sie beteiligt sich an der Suche. In weiten Passagen des Buchs hatte ich den Eindruck, dass hier jemand viel über sich erklärt, ohne etwas von sich zu sagen. So schonungslos die Autorin ihr Verhalten beschreibt, ihre Gedanken mitteilt – immer wieder vermittelt sie diese Distanz zu sich selbst, diese Fremdheit den eigenen Gefühlen gegenüber. Die Regeln des Systems, aus dem sie ausbrechen möchte und von dem sie merkt, dass sie aus ihm ausbrechen muss – sie hat sie doch tief verinnerlicht, kann sich dem Spiel umso schlechter entziehen, je näher sie ihrer Familie und ihrem gewohntem Umfeld ist.

Die tragische Entwicklung, dass diese Menschen, die so sehr danach streben, Individualität zu leben, sich im Verlauf der Erkrankung immer ähnlicher werden, entsteht meiner Überzeugung nach nur bedingt auf der Basis einer gleichen Ausgangssituation. Es handelt sich vielmehr bei der Anorexia nervosa um eine Erkrankung, die dem klassischen Modell der Kommunikationstheorie entsprechend eine Fehllösung darstellt, den Versuch somit, ein Problem mit untauglichen Mitteln zu lösen. Das Problem, mit dem sich die junge, noch nicht anorektische Person auseinander setzen muss, kann sehr unterschiedlich sein – ähnlich sind jedoch die Strategien, mit denen sie und ihre soziale Umwelt mit dem Problem umgehen.

Nach den Axiomen der Kommunikationstheorie tragen vor allem drei Arten von Fehllösungen zur Entstehung von psychischen Störungen bei: Das Leugnen von Schwierigkeiten, das Lösenwollen unlösbarer bzw. nicht vorhandener Probleme und der Versuch von Lösungen auf der falschen Abstraktionsebene. Alle diese drei Fehllösungen lassen sich auch bei Lena S. beobachten.

In ihrer Familie paaren sich hohes Harmoniestreben mit geringer Konfliktbereitschaft, Probleme werden nicht aktiv angegangen, sondern gemäß dem Motto, dass nicht sein darf, was nicht sein kann, geleugnet: »Lachen an den dafür vorgesehenen Stellen. Hier ist alles festgelegt, alles läuft in geordneten Bahnen. ... Salzkartoffeln werden zerdrückt, Pellkartoffeln zerschnitten. Die Nudeln werden so lange gekocht, wie es auf der Packung steht. Was das Seltsame ist: Es wird niemals hinterfragt. ... Niemand stellt dieses Leben in Frage, es ist so, naturgesetzgleich, und hinterfragst du es einmal, passt du nicht mehr, passt du nicht in diese Welt, wirst du herausfallen.« Die Anorexie kann als besonders gelungene Leugnung verstanden werden, denn sie lenkt ab von den anderen Problemen: War Lenas Bruder, der einige Jahre nach dem Ausbruch ihrer Anorexie an Depressionen erkrankt, vorher wirklich völlig unauffällig? Und wie auffällig ist das Essverhalten der Mutter wirklich?

Auch die zweite Form von Fehllösungen, der Versuch, unlösbare oder nicht vorhandene Probleme zu lösen, lässt sich bei Lena S. an zahlreichen Beispielen demonstrieren – immer wieder ist man beim Lesen versucht ihr zuzurufen, sie solle doch nun endlich den Quatsch sein lassen, das sei doch nun wirklich kein Problem. Und die geradezu geniale Utopie hat sie durch die Anorexie geschaffen. Denn mit der Anorexie wurde ein neues, wirklich unlösbares Ziel gesetzt: Das Ziel, so schlank zu sein, dass damit automatisch alle anderen Schwierigkeiten und Lebensprobleme gelöst sind. Wenn

Lena erst einmal so schlank wäre, wie sie sein möchte, dann wäre es sogar möglich so viel zu essen, wie sie möchte, ohne darüber nachzudenken, dass sie isst! Solange sie dieses Ziel verfolgt, wird sie sich nicht von ihrer Erkrankung lösen können.

Den dritten Königsweg zur nicht realisierbaren Lösung stellen die Lösungsversuche auf einer falschen Abstraktionsebene dar. Sie führen zu Paradoxien – und von diesem wimmelt es geradezu im Buch von Lena S. Bereits mit ihrem Namen fängt es an: Diese junge Frau kehrt über mehr als 100 Seiten ihr Innerstes nach außen, erzählt intime Dinge über sich und ihre Familie und ihre Freunde – verrät ihren Vornamen, wo sie lebt und was sie studiert, aber niemand darf wissen, wer sie ist: Sie bleibt Lena S. »Jemand soll mich verstehen. Aber ich vertraue mich niemandem an.« Von den Therapeuten erwartet sie Hilfe – aber sie kämpft, um nicht das tun zu müssen, was in der Klinik angeordnet wird. Sie geht wegen der Anorexie in Therapie – und wundert sich, dass der Therapeut sieht, dass sie anorektisch ist ...

Am eklatantesten werden die Paradoxien, wenn Lena sich verliebt. Sie hat große Angst vor Nähe, aber gleichzeitig große Angst vor Trennung. Sie kann sich nicht auf Nähe einlassen aus Angst, dann keine Grenzen mehr zu haben und die Beziehungen, die sie eingeht, gestaltet sie so eng, dass sie sie nicht aushalten kann und die Trennung unausweichlich ist.

Lena S. Buch hat mich in meiner Überzeugung bestätigt, dass der von anorektischen Frauen erlebt Widerspruch zwischen Intimität und Individualität der grundlegende Widerspruch für alle anderen anorektischen Widersprüche ist. Er ist der verrückte Boden, auf dem sie nichts Gerades, Eindeutiges entwickeln kann, sondern der immer nur neue Verbiegungen und Widersprüche hervorbringt.

Das, was nach Ausbruch der Krankheit als symptomatisches Verhalten erscheint, ist gelerntes Verhalten im Rahmen eines Lernumfelds, in dem alle das Gleiche erleben und empfinden müssen, in dem niemand zu seinen eigenen Gefühlen stehen darf, in der alle Süßes zum Frühstück mögen und Herzhaftes zum Abendbrot und in der es nicht als komisch empfunden wird, wenn bestimmt wird, dass alle am nächsten Tag ausschlafen wollen.

Noch einige Worte zu Lenas Weg in der Krankheit:

Das Buch beginnt optimistisch, man gewinnt die Idee, dass eine junge Frau, die mit 17 in eine schwere Krise geraten ist, diese einige Jahre später überwunden hat. Dieser anfängliche Optimismus ist mir im Laufe des Lesens abhanden gekommen. Zwar macht Lena mehrere Ansätze in eine gesunde Richtung, aber es kommt doch immer wieder zu erheblichen Rückschlägen. Was sind die Gründe für die Bewegung in die eine und die andere Richtung? Diese Frage lässt sich nicht beantworten. Sowohl der Entschluss, mit dem Essen zu beginnen und zuzunehmen wie auch die Schritte in die andere Richtung geschehen unerwartet, scheinbar ohne Ankündigung – zumindest ohne eine Ankündigung, die sich Außenstehenden erschließt. Eins aber wird unübersehbar deutlich: Die Annahme, dass die Anorexie mit Gewichtsanstieg und Wiedereinsetzen der Menstruation überwunden ist, ist rundum falsch. Selbst wer 62 Kilo wiegt, kann psychisch vollständig in einer anorektischen Welt gefangen sein.

Diese Botschaft halte ich für eine der wichtigsten am Buch »Auf Stelzen gehen«. Medizinische, psychotherapeutische und klinisch-psychologische Forschung und Literatur versuchen seit Jahrzehnten – und in letzter Zeit wieder massiv verstärkt –, die Anorexia nervosa im Sinne eines biomedizinischen Verständnisses auf gestörtes Essverhalten, zu niedriges Körpergewicht und ausbleibende Menstruation zu reduzieren. Therapieerfolg wird an gewonnenen Kilos und Menstruation festgemacht, und die propagierten Therapiemethoden zielen auf genau diese Erfolgskriterien ab. Lena S. beschreibt über quälende 178 Seiten, dass diese Sicht falsch ist. Die Anorexia nervosa ist ein verzweifelter Kampf um Selbstfindung – und ich wünsche der Autorin dieses Buchs von ganzem Herzen, dass sie diesen Kampf nicht aufgibt und dass sie den Mut hat, zu tun, was wirklich lohnt: Leben.

Dortmund im Februar 2006

Alexa Franke ist Psychologische Psychotherapeutin und seit 1991 Professorin für Rehabilitationspsychologie an der Universität Dortmund. Therapeutisch gilt ihr besonderes Interesse Patientinnen mit Anorexia nervosa; ihren Ansatz publizierte sie in dem Buch »Wege aus dem goldenen Käfig« (Beltz).

Sylvia Baeck
Ess-Störungen
Was Eltern und Lehrer tun können

BALANCE ratgeber jugend + erziehung
ISBN 978-3-86739-009-5, 200 Seiten

Ein Buch, das auffordert, Sorgen um das Essverhalten der Kinder zu thematisieren, auch wenn die Betroffenen selbst noch kein Problem sehen. Ausführlich werden die Entstehungsphasen von verschiedenen Ess-Störungen und die Chancen, helfend einzugreifen, aufgezeigt. Neben Hinweisen zum Umgang mit Betroffenen enthält dieser Ratgeber alle wichtigen Informationen zu Ursachen, Auslösern, Diagnostik, Folge- und Begleiterkrankungen der Bulimie, Anorexie und der Binge-Eating-Störung sowie deren Behandlungsmöglichkeiten.
Eltern, Freunden und Lehrern werden Handlungsspielräume aufgezeigt und Handlungsempfehlungen gegeben, die sich in langjähriger Beratungsarbeit als nützlich erwiesen haben.

Die Autorin, Sylvia Baeck, Mitbegründerin der Beratungsstelle Dick & Dünn e.V. in Berlin, arbeitet dort seit über 20 Jahren mit Menschen mit Ess-Störungen und deren Angehörigen.

Martin Kohn
Rotes Tuch Schule
Wie sich Eltern und Lehrer besser verstehen lernen
BALANCE ratgeber jugend + erziehung
ISBN 978-3-86739-008-8, 210 Seiten

Nicht erst seit Pisa werden dem deutschen Schulsystem schlechte Noten gegeben. Dabei prägt der schulische Erfolg das Vorankommen junger Menschen heute noch stärker als früher, gute Zeugnisse sind ausschlaggebend für die späteren beruflichen Chancen. Umso wichtiger, dass Eltern und Lehrer an einem Strang ziehen, um den Kindern eine erfolgreiche Schullaufbahn zu ermöglichen.
Der erfahrene Studienrat Martin Kohn kennt die heiklen Situationen im Schulalltag. Seine Empfehlungen für eine erfolgreiche Zusammenarbeit von Elternhaus uns Schule sind sehr praktisch und umfassen alle Themen, die Eltern auf den Nägeln brennen: von den leidigen Hausaufgaben über Gestaltung von Förderplänen bis hin zum Umgang mit schwierigen Lehrern und der Organisation von Elternversammlungen. Sein wichtigstes Plädoyer: Eltern sollten frühzeitig mitbestimmen und sich nicht erst engagieren, wenn das Kind in der Schule »auffällig« wird.

Martin Kohn ist Studienrat in Friedberg und Referent für Medien und Bildung im Hessischen Kultusministerium.

Andreas Knuf
Leben auf der Grenze
Erfahrungen mit Borderline

BALANCE erfahrungen
ISBN 978-3-86739-003-3, 240 Seiten

Dieses Buch ist einzigartig: Zwanzig betroffene Menschen berichten in diesem Buch, was Borderline-Erleben für sie konkret bedeutet und wie sie mit, trotz oder gerade wegen ihrer psychischen Probleme (über)leben.
»Das Buch ist eine sehr gute Informationsquelle für alle, die sich mit dem Thema Borderline beschäftigen. Es ist sowohl für Betroffene als auch für Angehörige eine große Hilfe, die Borderline-Störung in jeder Hinsicht zu verstehen. Durch die Erfahrungsberichte und Krankheitsgeschichten von Betroffenen wird dem Leser das Thema sehr direkt und unverhüllt dargelegt. Ich kann es jedem nur empfehlen.« amazon.de

Der Herausgeber, Andreas Knuf, ist Diplom-Psychologe und Psychotherapeut. Seine Arbeitsschwerpunkte liegen im Bereich der Selbsthilfeförderung.

BALANCE buch + medien verlag
www.balance-verlag.de · mail: info@balance-verlag.de